당신에게 숨겨져 있는

중심의 비밀을 발견하시기를 바라며…

______________________ 님께 드립니다.

The Secret of Center
중심의 비밀

중심의 비밀

초판 1쇄 2019년 06월 28일

지은이 최인호
발행인 김재홍
교정·교열 김진섭
마케팅 이연실

발행처 도서출판 지식공감
등록번호 제396-2012-000018호
주소 경기도 고양시 일산동구 견달산로225번길 112
전화 02-3141-2700
팩스 02-322-3089
홈페이지 www.bookdaum.com

가격 15,000원
ISBN 979-11-5622-457-0 03100

CIP제어번호 CIP2019022019
이 도서의 국립중앙도서관 출판예정도서목록(CIP)은 서지정보유통지원시스템 홈페이지(http://seoji.nl.go.kr)와 국가자료공동목록시스템(http://www.nl.go.kr/kolisnet)에서 이용하실 수 있습니다.

The Secret of Center
중심의 비밀

최인호 지음

지식공감

들어가는 글

우주, 은하계, 태양계, 지구, 몸, 마음, 세포, 원소, 국가, 태풍, 회오리바람, 수레바퀴 등등은 한 가지 공통점을 지니고 있다. 그것들은 모두 중심이 있다는 것이다. 그리고 중심의 작동원리는 똑같다는 것이다.

그중 자연에 의해 만들어진 우주, 은하계, 태양계, 지구, 원소 등은 그 규모와는 상관없이 자연의 법칙에 따라 조용하면서도 효율적으로 작동한다. 자연의 모든 것들은 엄청난 속도로 자전하는 동시에 공전함에도 불구하고 모든 것은 조용하고 순조롭게 진행되고 있는 것이다.

하지만 인간에 의해 만들어진 국가나, 인간에 의해 관리되고 있는 몸은 정말 시끄럽기 그지없다. 국가는 참으로 어려운 과정을 거쳐 간신히 비틀거리며 굴러가고, 몸도 삐거덕거리며 겨우 하루하루를 버티어 낸다. 그래서 정치란 정말 복잡한 과정이고, 삶이란 고통이라는 말에 공감하게 된다.

그런데 사람이 만든 것임에도 불구하고 정말 효율적으로 잘 돌아가는 것이 있다. 바로 수레바퀴다. 수천 년 전 메소포타미아의 어느 과학자가 발명한 수레바퀴는 그 당시나 지금이나 달라진 것이 없다. 수레바퀴의 한가운데에 중심축을 끼우는 장구통이 있고, 장구통으로부터 사방으로 바퀴살이 펼쳐지고, 바퀴살의 끝부분을 바퀴테로 둘렀다는 점에서 청동기시대나 지금이나 변함이 없음에도 불구하고 수레바퀴는 잘 굴러가는 것이다.

왜 자연이 만든 것들은 그렇게 효율적으로 작동할까? 왜 사람이 만들거나 관리하는 것들은 덜컹거릴까? 왜 수레바퀴는 사람이 만들었음에도 더 이상 개선할 필요성이 없을 정도로 완벽하게 작동할까?

여기에 대해 명상했다. 그리고 두 분의 소중한 인연을 만났고, 그분들을 통해 중심의 비밀을 이해하게 되었다. 그리고 이 책을 쓰게 되었다. 아니 쓰지 않을 수 없었다. 거부할 수 없는 어떤 힘이 이 책을 쓰게 만들었다.

마침내 중심의 비밀이 드러났다. 이제 중심의 원리에 따라 살아가면 삶은 고통이 아닌 행복이 되고, 인류는 한 단계 더 높은 차원으로 업그레이드될 것이다.

중심의 비밀을 알기 위해서는 나 자신을 먼저 알아야 한다. 왜냐하면 나는 우주의 중심이기 때문이다. 따라서 나를 모르면 중심의 비밀도 이해할 수 없다.

초원 최인호

CONTENTS

3장 국가의 중심

1장
우주의 중심

우주에는 중심이 존재한다. 우주에 중심이 없다면 셀 수도 없을 정도로 많은 은하계와 별들이 이토록 조화롭게 존재할 수 없을 것이다.
우주의 중심은 거대한 블랙홀(black hole)일 것이다. 이 블랙홀은 거대한 별이 붕괴되면서 공(空)으로 돌아간 것이다. 이제 별이 있던 자리에는 순수한 공만이 존재한다. 그러나 이 공은 단순한 공이 아니다. 그것은 엄청난 힘을 가지고 있다. 그것은 너무나 충만해서 흘러넘치고 있다. 이 거대한 공이 우주의 핵이자, 우주의 중심이다. 우주의 중심에 있는 이 거대한 공은 우주의 모든 것을 소용돌이 형태로 엮어 일체화(一體化)시키고 있다. 이 거대한 공은 우주 전체를 조율하고 있는 것이다.

나는 우주의 일부분이다

코끼리에 대해서 보지도 듣지도 못한 장님은 코끼리를 만져도 그것이 코끼리임을 알 수 없다. 그가 코끼리의 코를 만지면 굵은 뱀, 귀를 만지면 양탄자, 몸통을 만지면 돼지와 같은 물체로 그것을 인식할 뿐, 그는 그것이 코끼리의 일부분이라는 것을 결코 알 수 없다. 그는 코끼리를 모르기 때문에 코끼리를 만져도 그것이 코끼리임을 알 수 없는 것이다.

"나는 지구의 일부분이다." 이것은 부인할 수 없는 분명한 사실이다. 나는 모든 순간마다 지구를 호흡하고, 지구를 마시며, 지구를 먹는다. 지구와 나는 하나로 연결되어 있다. 지구와의 연결고리가 끊어지는 순간 나는 이 세상에서 존재할 수 없다. 그러므로 지구는 나이고, 나는 지구의 일부분이다.

지구는 태양계의 일부분이다. 태양 없는 지구는 더 이상 꽃을 피울 수도, 눈과 비를 내리게 할 수도, 아름다운 오로라를 만들 수도 없는 죽은 별이 된다.

태양계와 지구는 하나로 연결되어 있다. 따라서 태양계는 지구이고, 지구는 태양계의 일부분이다. 마찬가지로 태양계는 은하계의 일부분이고, 은하계는 은하단의 일부분이며, 은하단은 초은하단의 일부분이고, 초은하단은 전체우주의 일부분이다. 그러므로 전체우주(whole universe)와 나는 하나로 연결되어 있다. 따라서 전체우주는 나이고, 나는 전체우주의 일부분이다. 이것은 너무도 분명한 사실이다.

나를 비롯한 모든 것이 합쳐져 전체우주를 형성하고, 모든 것은 전체우주의 일부분으로 존재한다. 그러므로 전체우주는 하나일 수밖에 없다. 모든 시간과 공간, 모든 존재와 비존재, 모든 객관적인 세계와 모든 주관적인 세계를 포함한 모든 것이 합쳐진 것이 전체우주이므로 전체우주는 하나일 수밖에 없는 것이다. 그러므로 전체우주가 하나라는 것은 필연적으로 도출될 수밖에 없는 결론이다.

평행우주(parallel universe) 또는 다중우주(multiverse)라는 개념을 사용하여 또 하나의 똑같은 우주 또는 여러 개의 우주를 상상하는 사람들도 있다. 하지만 또 다른 우주가 있다면 그것은 어디에 존재하겠는가? 그 또한 무한하고 광대한 전체우주의 일부분으로 존재할 수밖에 없고, 그 어떤 것도 하나의 전체우주에서 벗어날 수 없다.

그러므로 오로지 단 하나의 전체우주가 존재할 뿐이다. 단 하나의 전체우주 속에 모든 것이 존재하고, 모든 것은 단 하나로 존재하는 전체우주의 일부분으로 존재한다. 전체우주는 단 하나이고, 나를 포함한 모든 것은 단 하나로 존재하는 전체우주의 일부분이라는 것은 부인할 수 없는 분명한 사실이다.

그러므로 '나'를 알기 위해서는 먼저 단 하나로 존재하는 전체우주부터 이해해야만 한다. 내가 속해 있는 우주라는 단 한 마리의 코끼리를 먼저 알아야만 그것의 일부분인 나를 알 수 있는 것이다.

그러나 나는 전체우주를 이해하지 못한 상태에서 나를 보고 듣고 냄새 맡고 만지고 느낀다. 나는 코끼리에 대해서는 보지도 듣지도 못한 장님처럼 우주의 일부분인 나를 더듬고 있는 것이다. 그래서 지금까지 '나'를 알 수 없었고, 그래서 '나'에 대한 대부분의 탐구는 오해로 종결될 수밖에 없었다.

'나'를 알기 위해서는 반드시 전체우주를 먼저 이해해야만 한다. 전체우주는 '나'를 알기 위한 출발점인 것이다. 그런데 전체우주를 한눈에 볼 수는 없다. 왜냐하면 끝없이 광대하고 무한한 전체우주에 비해, 나의 시야는 너무도 조악하고 협소하기 때문이다. 그래서 '나'를 알기 위해, 전체우주가 어떤 형태이고 어떤 원리로 작동하는지 그리고 전체우주와 '나'는 어떤 관계인지를 논리적으로 추론해 보았다.

우주는 코스모스다

가장 먼저 우주는 조화·질서·리듬 속에서 작동되는 코스모스(cosmos)라는 것을 추론할 수 있다. 왜냐하면 우주는 언제나 일관되고 합리적인 방식으로 작동하기 때문이다. 그러므로 우주는 혼돈·무질서의 카오스(chaos)가 아닌 코스모스인 것이 분명하다.

카오스인 우주는 존재할 수 없다. 만일 자연의 법칙이 날마다 바뀐다면, 예를 들어, 물이 어떤 날은 위에서 아래로 흐르고 다른 날은 아래에서 위로 흐른다면, 어떤 날은 0℃에서 얼고 다른 날은 100℃에서 언다면, 이런 식으로 모든 것들이 어떤 질서를 따르지 않고 변덕을 부린다면, 물질도 우주도 또한 그것을 연구하는 과학도 존재할 수 없다. 그러므로 우주는 코스모스일 수밖에 없다.

과학은 우주가 코스모스임을 인정하는데, 그 대표적인 과학이론이 카오스이론이다. 브라질에서 시작된 나비의 날갯짓이 미국 텍사스에 토네이도를 발생시킬 수도 있는 것과 같이 복잡한 혼돈 속에도 어떤 숨겨진 질서가 있는데, 그 질서를 논리적으로 밝히려는 것이 카오스이론이다. 그러므로 카오스이론은 우리의 협소한 시야와 한정된 이해가 우주를 혼돈과 무질서로 인식하더라도 그 속에는 우리가 이해하지 못하는 조화·질서·리듬이 있음을 인정하는 과학이론이다. 카오스이론뿐만 아니라 모든 과학이론은 우주가 일관되고 합리적으로 작동하는 코스모스임을 전제로 한다. 그러므로 과학은 우주가 코스모스임을 인정한다.

종교도 우주가 코스모스임을 인정한다. 그것은 종교도 과학의 한 가지 형태로서 내면세계의 과학이기 때문이다. 물질세계의 과학은 '과학'이라는 이름으로 불리며 객관세계를 탐구하고, 의식세계의 과학은 '종교'라는 이름으로 불리며 주관세계를 탐구한다. 과학은 나에게 보이는 것을 탐구하지만, 종교는 보는 자인 나 자신을 탐구하는 것이다. 하지만 둘 다, 단 하나로 존재하는 전체우주의 일부분을 탐구한다. 고로 종교도 과학이다. 그리고 모든 과학은 코스모스 안에서만 존재하므로 모든 종교도 우주가 코스모스임을 인정한다.

그러므로 우주가 코스모스이고 모든 것은 코스모스 안에서 작동하고 있다는 것은 부인할 수 없는 분명한 진리다. 그래서 우주의 또 다른 이름이 코스모스인 것이다.

우주근본법(dhamma, logos)은 하나의 법칙이다

우주는 변화 그 자체다. 우주를 관찰하면 모든 것이 변화한다는 진리를 쉽게 확인할 수 있다. 모든 것이 변화하는 제행무상(諸行無常)의 우주에서 변하지 않는 단 하나의 유일한 진리가 있다면, 그것은 우주의 모든 것이 변한다는 진리일 것이다. 그래서 고대 철학자 헤라클레이토스(Heraclitus)는 "우주의 모든 것은 변화하고, 같은 강물에 두 번 발을 담글 수 없다"라고 말한 것이다. 그러므로 우주는 변화 그 자체라는 것 또한 증명할 필요도 없는 분명한 진리이다.

우주의 변화는 조화·질서·리듬 속에서 진행된다. 왜냐하면 우주는 코스모스이기 때문이다. 코스모스인 우주의 변화는 조화·질서·리듬 속에서 진행될 수밖에 없다. 그러므로 우주의 변화가 조화·질서·리듬 속에서 진행된다는 것 또한 분명한 진리이므로 더 이상의 증명을 필요로 하지 않는다.

우주의 모든 것이 조화·질서·리듬 속에서 변화하는 이유는 우주의 모든 것에 예외 없이 적용되는 우주근본법(dhamma, logos)이 존재하기 때문이다. 우주근본법은 눈에 보이지 않고, 손으로 만질 수도 없다. 하지만 분명히 존재한다. 이 광막하고 무한한 우주가 이토록 유연하고 조화롭게 운행된다는 사실 자체가 우주의 모든 것을 연결시키는 어떤 흐름이 있다는 것을 증명하는데, 그 흐름이 바로 우주근본법이다.

우주근본법은 우주를 코스모스로 작동하게 만드는 원동력임에 분명하다. 우주근본법은 모든 것을 통일시키고, 다리를 놓음으로써 우주를 절대적인 조화·질서·리듬 속에서 작동하게 한다. 그것은 화환을 유지시키는 끈과 유사하다. 꽃은 보이지만 꽃들을 엮고 있는 끈은 보이지 않는다. 그 보이지 않는 끈이 우주근본법이다.

우주근본법을 '하나의 법칙'이라고 하자. 우주근본법에 의해 우주의 모든 것이 하나의 화환처럼 엮여져 하나로 존재하므로 하나의 법칙이라고 이름을 지었다.

전체는 하나이고, 오로지 하나만이 존재하고 둘일 수 없다는 것이 하나의 법칙이다. 오로지 하나만이 존재한다는 하나의 법칙을 석가모니 붓다는 "천상천하 유아독존(天上天下 唯我獨尊)"이라고, 성경은 "나는 알파요 오메가"라고, 노자는 "도(道)"라고, 예수 그리스도는 "하나님과 나는 하나다"라고 선언했다. 또한 도교는 "무극(無極)"으로, 천부경(天符經)은 시작도 없고 끝도 없다는 "무시무종(無始無終)"으로 하나의 법칙을 표현하고 있다.

하나의 법칙은 전체우주를 하나로 묶어 유지시키는 궁극적인 원리다. 하나의 법칙은 광막하고 무한한 우주를 유연하고 조화롭게 운행시키는 흐름 그 자체다. 그 흐름은 모든 것을 통일시키고 다리를 놓는다. 하나의 법칙이 없다면 우주는 끈 떨어진 화환처럼 산산이 흩어지고 말 것이다. 하나의 법칙은 이원적으로 대립하는 모든 것을 용해시켜 하나로 만든다. 하나의 법칙 속에서 모든 것은 하나가 되는 것이다.

지금 이 순간에도 우주의 모든 것들은 하나의 법칙에 의해 하나로 존재하는 동시에 변화하고 있다. 완벽한 하나의 우주에서 다른 완벽한 하나의 우주로 그리고 또 다른 완벽한 하나의 우주로, 우주는 끊임없이 변화하며 존재하는데 여기에는 단 한 치의 오차도 있을 수 없다. 그러므로 하나의 법칙은 우주에서 단 하나의 유일한 진리인 변화를 주관하는 법칙이다.

우주의 모든 것은 서로 닮은꼴이다

우주의 모든 것은 하나의 법칙에 따라 변화하면서 존재한다. 가장 장대한 우주에서 가장 미세한 원소 한 알에 이르기까지 우주의 모든 것은 하나의 법칙이라는 단 한 가지 원리에 의해 동일한 방식으로 변화하고 있는 것이다.

그러므로 우주의 모든 것들은 서로 닮은꼴일 수밖에 없다. 왜냐하면 우주의 모든 것은 하나의 법칙이라는 한 가지 원리로 변화하기 때문이다. 거대한 은하계이든 조그마한 모래 한 알이든, 우주의 모든 것은 동일한 한 가지 원리로 변화하고 있으므로 모든 것은 서로 닮은 형태일 수밖에 없는 것이다.

우주의 모든 것들이 서로 닮은꼴이라는 점에 대해서는 과학자들도 동의한다. 그들은 우주가 프랙털(fractal) 구조라고 한다. 그들은 그림과 같이 고사리 잎의 일부분이 전체 잎모양을 닮는 것처럼, 우주는 동일한 모양이 한없이 반복된다고 한다. 그들은 우주의 모든 것들이 서로 닮았다고 말하고 있는 것이다.

그렇다. 우주의 모든 것들은 서로 닮은꼴이다. 가장 장대한 우주에서 가장 미세한 원소 한 알에 이르기까지 우주의 모든 것들은 닮은꼴의 형태로 이루어져 있다. 가장 미세한 원소 하나에도 전체우주의 청사진이 들어 있는 것이다.

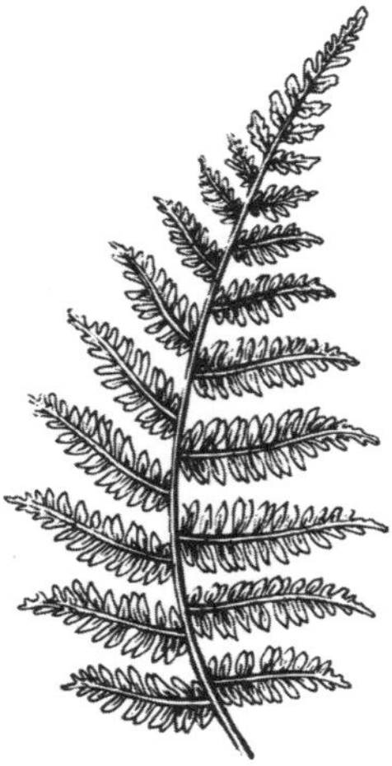
프랙털 구조의
고사리 잎

그렇다면 우주의 모든 것들은 무엇이 닮았는가? 닮았다는 것은 서로 어떤 공통점을 지니고 있다는 의미인데, 우주의 모든 것들은 어떤 공통점을 지니고 있는가?

우주를 관찰하면 우주의 모든 것들은 중심을 축으로 돌고 도는 소용돌이 형태로 이루어져 있음을 쉽게 확인할 수 있다.

그렇다. 우주의 모든 것들은 중심과, 그 중심을 축으로 끊임없이 돌고 도는 주변으로 이루어져 있다는 점에서 서로 닮은꼴이다.

지름이 수십만 광년에 달하고 수천억 개의 태양으로 이루어진 거대한 은하계들은 모두 소용돌이 형태로 그 중심을 축으로 엄청난 속도로 회전한다.

수많은 은하계들은 더 큰 은하계를 중심으로 소용돌이 형태로 회전하며 은하단을 형성하고, 수많은 은하단들은 더 큰 은하단을 중심으로 소용돌이 형태로 회전하며 초은하단을 형성하며, 수많은 초은하단들도 우주의 중심을 축으로 소용돌이 형태로 돌고 돈다. 아마 우주 그 자체도 무엇인가를 중심으로 소용돌이 형태로 회전하고 있을 것이다.

은하계를 구성하는 별들도 소용돌이 형태로 회전한다. 달들은 지구와 같은 행성을 중심으로, 행성들은 태양과 같은 항성을 중심으로, 항성들은 더 큰 항성을 중심으로 소용돌이 형태로 공전한다. 그리고 모든 별은 그 자체의 중심축을 중심으로 소용돌이 형태로 자전한다.

중심을 축으로 회전하는 나선은하

물질의 기본 단위인 원소는 원자핵과 이를 중심으로 믿을 수 없을 정도의 빠른 속도로 소용돌이 형태로 회전하는 전자로 이루어진다.

원자핵과 전자를 구성하는 소립자들과 그보다 더 미세한 소립자들에 대해서는 아직 명확하게 밝혀진 것은 없다.

하지만 그런 소립자들도 소용돌이 형태로 무엇인가를 중심으로 회전하고 있고, 그 중심은 자체의 중심축을 중심으로 자전하고 있음은 분명하다.

모든 생명도 중심을 축으로 돌고 도는 소용돌이 형태다. 소라, 조개껍질, 영양과 물소의 뿔, 아름다운 꽃과 열매, 사람의 척추, 아기의 뒤통수 등등의 모든 생명은 중심을 축으로 빙글빙글 돌며 회전하는 소용돌이 형태로 자신을 드러낸다.

소용돌이 형태의 생명체들

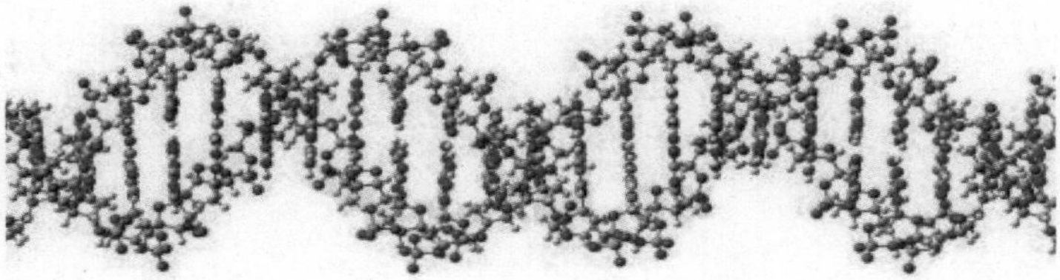

소용돌이 형태의 DNA분자구조

생명을 구성하는 단백질과 탄수화물 등의 분자구조도 중심을 축으로 돌고 도는 나선형의 소용돌이 형태이고, 생명의 설계도인 DNA 분자도 중심을 축으로 서로 맞물린 이중나선형으로 돌고 도는 소용돌이 형태다.

DNA가 펼쳐지면서 탄생한 생명도 중심을 축으로 돌고 도는 소용돌이 형태이고, 생명을 생명으로 작동하게 하는 원리도 돌고 도는 소용돌이 형태다.

호흡기와 소화기, 순환기 등 모든 생명의 작동원리도 중심을 축으로 돌고 도는 소용돌이 형태로 이루어진다.

이렇게 우주의 모든 것들은 중심과 그것을 축으로 돌고 도는 소용돌이 형태로 이루어져 있다는 점에서 서로 닮은꼴이다.

과학은 우주가 한 점에서 대폭발(Big Bang)을 일으키며 팽창하기 시작했고, 지금도 팽창하는 중이라고 한다.

소용돌이 형태의 우주

그렇다면 팽창하는 우주 또한 중심을 축으로 돌고 돌면서 퍼져 나가는 소용돌이 형태일 것이다. 왜냐하면 우주는 부분이 전체를 닮은 형태이므로 전체도 부분을 닮을 수밖에 없기 때문이다.

우주지도

그런데 우주에는 언제나 그대로인 것이 있다. 바로 '공(空)'이다. 공은 변화하지 않는다. 공 속으로 수많은 것들이 왔다가 사라지지만, 공 자체는 언제나 그대로이고 어떤 것도 공을 물들일 수 없는데, 이 또한 너무도 분명한 사실이다.

공은 우주의 모든 형상(形象)들을 감싸고 있다. 중심을 축으로 소용돌이 형태로 돌고 도는 모든 형상들은 공 속에서 둥둥 떠 있는 형태로 존재한다. 이는 하늘에 떠 있는 별들을 보아도 쉽게 확인할 수 있다. 그러므로 공이 우주의 모든 형상들을 감싸고 있다는 것 또한 분명한 사실이다.

이렇게 우주는 공과 공 속에서 존재하는 형상들로 이루어져 있다. 수많은 별·달·행성들은 물론, 분자·원소와 같은 소립자들 그리고 나 자신조차도 공의 한가운데에 매달린 둥근 보석처럼 존재하고 있는 것이다.

그러므로 공은 우주의 바탕이고 근원임에 분명하다. 왜냐하면 우주의 모든 것들은 공 속에서 공을 배경으로 존재하기 때문이다.

태풍 형태의 우주지도

2차원 평면에 공과 공 속에서 소용돌이 형태로 돌고 있는 형상들로 이루어진 전체우주를 그려보았다. 공을 배경으로, 우주의 중심을 축으로 소용돌이 형태로 돌고 도는 전체우주의 모든 것들을 한 장의 그림으로 표현한 것이다.

다중우주와 평행우주, 수많은 은하계와 태양계는 물론 조그마한 분자와 원소 한 알까지 그 속에 돌고 도는 한 점으로 그려 넣었다. 그랬더니 그 모양이 바다 위에서 소용돌이 형태로 회전하는 태풍 사진과 정말 비슷했다.

그것은 태풍 또한 전체우주의 일부분으로서 전체우주와 닮은꼴 형태로 존재하기 때문이다. 그러므로 태풍을 잘 관찰하면 전체우주의 구성과 작동 원리를 이해하게 된다. 그래서 대칭형의 아름다운 태풍 사진을 '우주지도'로 활용하기로 했다.

우주지도에서 바다와 육지가 그대로 보이는 부분은 공으로서 우주의 바탕이고, 그 가운데에서 소용돌이 형태로 돌고 도는 태풍으로 표현된 부분은 우주의 형상들로서 은하계·별·행성·달·분자·원소·소립자 등이다.

그러므로 바다와 태풍으로 그려진 우주지도는 공(없음, 無)과 형상(있음, 有)으로 이루어진 전체우주의 모든 것을 표현한다.

태풍으로 표현된 형상은 공의 한가운데에서 둥둥 떠 있는 형태로 존재한다. 태풍의 전·후·좌·우·위·아래는 모두 공이다. 그러므로 우주의 모든 형상은 공 속에서 둥둥 떠 있으면서, 매 순간 돌고 도는 방식으로 변화한다.

형상은 생기고 변화하며 진화하다가 흩어지며 사라진다. 모든 형상은 잠시도 멈추지 않고 순간순간마다 변화하는 방식으로 존재하는 것이다.

바다와 육지로 표현된 공은 눈에 보이지 않는다. 그래서 공을 통해 그 뒤의 바다와 육지가 그대로 보이는 것이다. 공은 영구적으로 변하지 않고 절대적으로 불멸한다. 공은 항상 똑같은 상태로 고요하고 잠잠하게 머물면서 모든 형상들을 감싸고 있다. 그러므로 공은 우주의 바탕이고, 우주의 모든 곳에 가득한 상태로 존재한다.

형상의 한가운데에 있는 태풍의 눈은 형상의 밑바닥부터 꼭대기까지 꿰뚫고 있고, 태풍의 눈을 통해 그 뒤의 바다와 육지가 그대로 보인다. 그러므로 태풍의 눈은 공으로 이루어진 공의 눈이다.

우주의 중심과 우주소용돌이의 핵

우주는 소용돌이다. 우주를 구성하는 모든 형상들은 우주의 중심을 축으로 소용돌이 형태로 돌고 돈다. 우주지도는 우주가 우주의 중심을 축으로 소용돌이 형태로 돌고 있음을 나타내고 있다.

우주는 우주의 중심을 축으로 소용돌이 형태로 돌고 돌면서 하나의 법칙에 따라 하나로 존재한다. 만일 우주가 돌고 도는 것을 멈추면 소용돌이 형태는 무너지고, 우주의 모든 것은 흩어지며 사라지게 된다. 그러므로 우주가 하나로 존재하려면 우주의 중심을 축으로 소용돌이 형태로 돌고 돌아야 한다.

우주에는 '우주의 중심'과 '우주소용돌이의 핵'이 존재한다. 우주의 중심은 전후좌우가 대칭적인 형태로 존재하는 우주의 한가운데 지점이다. 따라서 우주가 대칭적이면 우주의 중심은 존재하지만, 대칭적이지 않으면 우주의 중심은 존재할 수 없다. 또는 우주의 중심이 존재하면 우주는 대칭적이지만, 우주의 중심이 존재하지 않으면 우주는 대칭적일 수 없다.

수많은 은하계와 별들이 이토록 조화롭게 존재한다는 것은 우주의 중심이 존재한다는 증거다. 그러므로 우주에는 중심이 존재하고 따라서 우주는 대칭적인 형태다. 우주지도는 우주는 대칭적인 형태로서 우주의 중심이 존재함을 표현하고 있다.

우주소용돌이의 핵은 우주소용돌이의 원천이다. 우주소용돌이의 핵에서 소용돌이치는 에너지의 힘으로 우주는 소용돌이친다. 따라서 우주소용돌이는 우주소용돌이의 핵에서 시작되고 끝나며, 우주소용돌이의 핵을 축으로 돌고 돈다.

우주소용돌이의 핵은 거대한 공이다. 이 공은 거대한 별들이 붕괴되면서 블랙홀(black hole)이 되어 공으로 돌아간 것으로, 지금 이 순간에도 수많은 별들이 우주소용돌이의 핵에서 공으로 화(化)하고 있을 것이다.

이제 별들은 우주소용돌이의 핵에서 순수한 공으로 존재한다. 따라서 이 공은 단순한 공이 아니다. 이 공은 엄청난 힘을 가지고 있다. 이 공은 너무나 충만해서 흘러넘치고 있다. 이 공이 우주의 핵이다. 우주지도는 우주의 모든 것들을 소용돌이 형태로 돌게 하는 우주소용돌이의 핵이 존재함을 표현하고 있다.

우주의 모든 것들이 하나의 소용돌이로 존재하려면, '우주의 중심'에 '우주소용돌이의 핵'이 자리 잡아야 한다. 그것은 수레바퀴를 보면 알 수 있다.

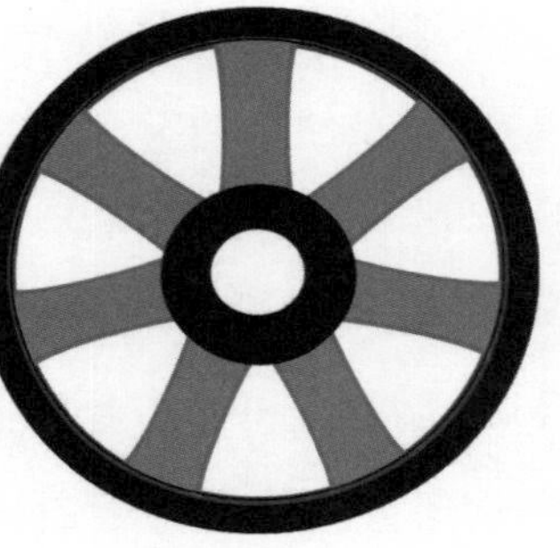

반듯한 수레바퀴

찌그러진 수레바퀴

수레바퀴의 중심은 대칭적으로 존재하는 수레바퀴의 한가운데다. 수레바퀴는 중심축이 끼워지는 부분을 축으로 돈다. 따라서 중심축이 끼워지는 부분은 수레바퀴소용돌이의 핵이다.

그러므로 수레바퀴가 잘 돌아가려면, 그림의 '반듯한 수레바퀴'처럼 수레바퀴의 한가운데에 수레바퀴 중심축이 끼워지는 부분이 있어야 한다.

만일 '찌그러진 수레바퀴'처럼 수레바퀴의 한가운데가 아닌 다른 곳에 수레바퀴 중심축이 끼워지면, 수레바퀴는 몇 번 굴러가지 못하고 망가지게 된다. 수레바퀴소용돌이의 핵이 수레바퀴의 한가운데가 아닌 다른 곳에 있으면, 수레바퀴는 혼란에 빠지면서 기능을 상실하는 것이다.

우주의 중심에 우주소용돌이의 핵이 자리 잡으면, 우주의 중심에 둥근 형태로 공의 기둥이 생기고, 공의 기둥은 우주의 중심을 위에서 아래로 꿰뚫는다. 공의 기둥은 공으로 이루어진 공의 눈이다. 우주의 중심에 우주소용돌이의 핵이 자리 잡으면, 우주는 공의 눈을 뜨는 것이다.

공의 눈은 의식의 눈이고, 내면의 눈으로서 나 자신을 보는 눈이다. 그러므로 전체우주가 공의 눈을 뜨면, 전체우주는 자기 자신을 보게 된다.

전체우주는 공의 눈을 뜨기 이전에는 아무것도 볼 수 없었다. 왜냐하면 우주에는 전체우주만이 홀로 존재하므로 보이는 대상이 존재하지 않기 때문이다.

하지만 제3의 눈을 뜬 전체우주는 자신의 내부에서 은하계가 운행하고 별들이 탄생하고 소멸하는 등의 모든 것들을 조망하게 되고, 자신의 장대함과 경이로움을 체험하게 된다.

우주가 공의 눈을 뜨면, 우주는 일체화된다. 우주가 일체화되면, 우주는 비로소 독자적이고 독립적으로 존재하게 된다. 그 이전에는 우주의 모든 것은 흩어져 있었고, 부분으로만 존재하고 있었으며, 제각각 움직이고 있었다. 하지만 흩어져 있던 모든 것들이 완벽하게 일체화되면, 우주는 비로소 '나'라고 할 만한 존재로 드러나게 된다.

우주가 일체화되면, 우주를 구성하는 모든 것들은 본래의 형태를 드러내고, 본래의 기능을 발휘하게 된다. 우주를 구성하는 수많은 은하계들과 태양계들을 비롯한 우주의 모든 것들은 우주의 닮은꼴로서 대칭적인 형태로 드러나고, 그 기능을 완벽하게 발휘하게 되는 것이다.

우주가 일체화되면, 우주의 모든 것들은 서로 의지하여 존재하게 된다. 중심은 주변이 있기에 존재하고, 주변은 중심이 있기에 존재하며, 주변의 모든 것들도 서로가 서로를 의지하며 존재하게 된다. 서로 의지하는 모든 것들은 대등하게 존재한다. 이제 조그마한 풀잎 하나도 태양과 대등하게 서로 의지하여 존재하게 된다.

우주가 일체화되면, 우주의 모든 것들은 유기적 일체로 연결되고, 우주는 가장 효율적으로 작동하게 된다. 유기적인 우주는 가장 적은 에너지로 가장 효과적으로 작동한다. 유기적인 우주는 주변의 도움을 받아 중심을 움직이고, 중심의 움직임에 따라 주변이 작동하게 된다.

이제 우주의 중심은 형태를 약간만 달리함으로써, 수백억 광년 거리의 은하계들을 쉽게 움직이게 된다. 따라서 우주는 은하계 하나, 별 하나를 움직이는데 거의 에너지를 소모하지 않는다. 또한 우주는 그 중심을 축으로 조화롭게 돌게 되므로 우주에는 어떤 소음도 발생하지 않게 된다.

우주지도의 태풍의 눈은 우주의 중심에 우주소용돌이의 핵이 자리 잡으면, 공의 눈이 나타난다는 것을 표현한다. 또한 공의 눈이 나타나면, 우주는 하나의 법칙에 따라 일체화되어 가장 효율적으로 조용하게 작동함을 표현한다. 또한 일체화된 우주는 단 한 치의 오차도 없이, 완벽한 하나의 우주에서 다른 완벽한 하나의 우주로 그리고 또 다른 완벽한 하나의 우주로, 끊임없이 변화하며 존재함을 표현한다.

우주를 구성하는 모든 것들이 우주의 중심을 축으로 더욱더 대칭적으로 존재할수록, 우주의 중심에서 우주소용돌이의 핵은 점점 더 깊이 자리 잡게 된다. 우주가 대칭적일수록 우주의 중심은 더 깊어지는 것이다. 그리고 그렇게 우주의 중심이 깊어지는 한계는 존재하지 않는다.

우주의 중심이 깊어질수록 우주는 공의 눈을 더욱더 또렷하게 뜨게 되고, 우주를 구성하는 모든 것들은 본래의 형태와 기능을 발휘하면서 더욱더 유기적 일체로 존재하게 되며, 우주는 더욱더 효율적으로 작동하게 된다.

우주지도에서 우주를 구성하는 하나하나의 미세한 점들은 모두 소용돌이 형태로서 전체우주의 닮은꼴이고, 그 미세한 점들을 구성하는 미세하고도 미세한 점들도 소용돌이 형태로서 전체우주의 닮은꼴이며, 그 미세하고도 미세한 점들을 구성하는 그보다 더 미세한 점들도 소용돌이 형태로서 전체우주의 닮은꼴이고 … 이렇게 미세한 차원으로 우주는 끝없이 이어진다.

우주를 구성하는 모든 차원의 소용돌이 형태의 미세한 우주들도 전체우주처럼 공과 형상으로 이루어지고, 그 형태가 대칭적이면 그 한가운데에 그 우주의 중심이 드러난다. 우주의 중심이 드러나면 우주소용돌이의 핵은 그곳에 자리 잡고, 그 우주를 구성하는 모든 것들은 공의 눈을 뜨고 일체화되면서 가장 효율적으로 작동하게 된다.

이렇게 우주지도는 하나의 법칙에 따라 우주의 중심을 축으로 조화와 질서를 이루며 하나로 존재하는 우주의 모든 것을 2차원의 평면에 한 장의 그림으로 표현하고 있다.

나는 누구인가

지금까지 우주의 기본적인 구조와 작동방식을 추론해 보았다. 그러므로 이제 그 추론에 근거하여 '나'를 아는 것도 가능해졌다. 전체로서의 코끼리를 알게 되었으므로, 코끼리의 닮은꼴이자 코끼리의 일부분인 나를 이해하는 것도 가능해진 것이다.

우주가 한 마리의 코끼리라면, 코끼리의 머리·몸통·다리 같은 부분들은 초은하단 차원의 우주들이고, 코끼리의 간·위·심장·허파와 같은 부분들은 은하단 차원의 우주들이며, 코끼리를 구성하는 하나하나의 세포들은 은하계 차원의 우주들이고, 그 세포들을 구성하는 하나하나의 원소들은 태양계 차원의 우주들이다. 그러므로 코끼리를 구성하는 하나하나의 원소의 중심에 자리 잡고 있는 원자핵들은 태양과 같은 빛나는 항성들이고, 그 주위를 돌고 있는 전자들은 지구와 같은 행성들에 해당한다.

그러므로 우주가 한 마리의 코끼리라면, 나는 코끼리를 구성하는 하나의 미세한 원소의 원자핵 주위를 돌고 있는 전자 위에서 살아가는 존재에 해당한다. 내가 100년을 산다면, 나는 그 전자(지구)가 원자핵(태양) 주위를 100여 회 회전하는 동안(100년)의 삶을 영위하는 셈이다. 전자는 원자핵 주위를 초당 수백조 회 이상 회전한다. 따라서 우주적인 관점에서 보면 나는 수조 분의 1초라는 그야말로 찰나(刹那)의 삶을 살아가는 존재다. 우주가 코끼리라면, 조그마한 티끌 하나에도 미치지 못할 정도로 작고 미약하며 순간적이고 제한적인 존재가 나인 것이다.

하지만 나는 전체우주를 그대로 빼닮은 하나의 완벽한 우주다. 아니, 우주의 모든 것에 상응하는 모든 것을 동일하게 구비하고, 동일한 방식으로 작동하는 완전히 똑같은 우주가 바로 나다. 나는 전체우주의 일부분으로서 전체우주를 구성하는 미세한 우주인 동시에, 미세하고도 미세한 닮은꼴의 완벽한 수많은 우주를 품고 있는 또 하나의 장대한 우주인 것이다.

그러므로 내 몸에도 몸의 중심과 몸소용돌이의 핵이 존재하고, 몸의 중심에 몸소용돌이의 핵이 자리 잡으면 몸은 하나의 법칙에 따라 하나로 존재하게 된다. 몸은 공의 눈을 뜨고 일체화되면서 가장 효율적으로 작동하게 되고, 나 자신을 들여다보면서 나 자신의 장대함과 신비로움을 체험하게 되는 것이다.

2장

몸의 중심

몸은 중심은 있을 수도 있고 없을 수도 있다. 몸의 형태가 대칭으로 반듯하게 활짝 펼쳐지면 몸의 중심은 존재하지만, 몸의 형태가 찌그러지면 몸의 중심은 존재하지 않는다.
몸의 중심이 존재하면, 몸의 모든 것은 중심을 축으로 조화롭게 돌아가게 된다. 중심으로 숨 쉬고, 중심으로 느끼고, 중심으로 생각하고, 중심으로 움직이고, 중심으로 교류하게 되는 것이다.

인간지도

하나의 법칙에 따라 존재하는 나의 모든 것을 2차원 평면에 '인간지도'로 표현할 수 있다. 나와 우주는 서로 닮은꼴이므로 우주지도가 인간지도이고, 인간지도가 우주지도이다.

그러므로 우주지도로 사용된 똑같은 태풍 사진을 인간지도로 활용할 수 있다.

인간지도는 공과 태풍으로 나를 표현한다. 그것은 나도 우주와 마찬가지로 공 속에서 형상이 둥둥 떠 있는 방식으로 존재하고 있음을 의미한다.

태풍 형태의 인간지도

인간지도의 바탕인 바다와 육지로 표현된 공은 눈에 보이지 않는다. 그래서 공을 통해 그 뒤의 바다와 육지가 그대로 보인다. 공은 영구적으로 변하지 않고 절대적으로 불멸하며, 자유롭게 무한의 세계에서 존재한다. 공은 항상 똑같은 상태로 고요하고 잠잠하게 머물면서 모든 형상을 감싸고 있다. 공은 인간의 바탕이고, 인간의 모든 곳에 가득한 상태로 존재하는 것이다.

인간지도에서 인간이 공으로 존재한다는 것은, 인간에게 자유롭게 절대적으로 무한의 세계에서 영원히 존재하는 요소가 있다는 의미인데, 그것이 영혼이다. 나는 어린아이였고, 청년이었다가, 지금은 노인이다. 유년기는 오고 가고, 젊음도 오고 가며, 늙음도 그러하다.

그러나 변하지 않고 항상 똑같은 상태로 머물면서 그 모든 것을 끝없이 지켜보는 존재가 있으니, 그것이 바로 영혼이다. 영혼은 변하지 않고 항상 똑같은 상태로, 그 어느 것에도 구속받지 않고 자유롭게, 무한의 세계에서 영원히 절대적으로 존재한다.

인간지도에서 태풍으로 표현된 형상은 공 안에서 둥둥 떠 있는 방식으로 존재한다. 형상의 전·후·좌·우·위·아래는 모두 공이다. 그러므로 인간을 구성하는 모든 형상들은 공 안에서 둥둥 떠 있는 방식으로 존재한다.

형상은 공 안에서 매 순간 돌고 도는 방식으로 변화한다. 형상은 인과법칙에 따라 필연적으로 변화하며, 상대적·제한적으로 시간의 세계에서 일시적으로 존재한다. 그러므로 인간지도에서 인간이 형상으로 존재한다는 것은 인간에게 매 순간 필연적으로 변화하며 상대적·제한적·일시적으로 존재하는 요소가 있다는 의미인데, 그것이 몸이다. 몸은 잠시도 멈추지 않고, 모든 순간마다 인과법칙에 따라 돌고 도는 방식으로 변화하며 존재한다. 몸은 아주 작은 공간에서 상대적·제한적으로 매우 짧은 순간 동안만 존재하는 것이다.

인간지도에서 형상의 한가운데에 있는 태풍의 눈을 통해 그 뒤의 바다와 육지가 그대로 보인다. 따라서 태풍의 눈은 공으로 이루어진 공의 눈으로서, 형상의 밑바닥부터 꼭대기까지 꿰뚫고 있다. 또한 인간지도에서 공은 영혼을 의미하므로, 태풍의 눈은 영혼의 눈이기도 하다.

몸의 중심과 단전

몸은 하나의 소용돌이다. 몸을 구성하는 모든 형상들은 중심을 축으로 하나의 소용돌이로 존재한다. 태풍 형태의 인간지도는 몸이 하나의 소용돌이로 존재하고 있음을 보여 준다.

몸은 돌고 도는 하나의 소용돌이다. 그러므로 몸이 돌고 도는 것을 멈추면, 소용돌이 형태는 무너지고, 몸을 구성하는 모든 것은 흩어지며 사라지게 된다.

몸을 구성하는 모든 것들이 하나의 소용돌이로 존재하려면, '몸의 중심'에 '몸소용돌이의 핵'이 자리 잡아야만 한다.

몸의 중심은 전후좌우가 대칭적인 형태로 존재하는 몸의 한가운데다. 따라서 몸의 형태가 대칭적이면 몸의 중심은 존재하지만, 대칭적이지 않으면 몸의 중심은 존재할 수 없다. 또는 몸의 중심이 존재하면 몸은 대칭적이지만, 몸의 중심이 존재하지 않으면 몸은 대칭성을 상실하게 된다. 인간지도는 몸이 대칭적인 형태로서 몸의 중심이 존재함을 표현하고 있다.

몸소용돌이의 핵은 단전이다. 단전에서 소용돌이치는 에너지의 힘으로 몸은 소용돌이 형태로 존재한다. 따라서 몸소용돌이는 단전에서 시작되고, 단전에서 끝나며, 단전을 중심으로 회전한다.

단전은 아랫배의 가운데, 골반강의 중심, 천골(엉치뼈)의 앞쪽 아랫부분에 존재한다. 단전은 눈에 보이지 않는다. 단전뿐 아니라 블랙홀, 태풍, 회오리바람 등등 모든 소용돌이의 핵은 눈에 보이지 않는다. 그것은 모든 소용돌이의 핵은 공이기 때문이다.

단전은 나무의 뿌리가 나무와 대지를 하나로 연결하는 것처럼 몸과 영혼(空)을 연결한다. 나무가 뿌리를 통해 살아가듯이 몸은 매 순간 단전을 통해 살아가고, 나무가 뿌리를 통해 대지로부터 영양분을 공급받듯이 몸은 단전을 통해 영혼(空)으로부터 에너지를 공급받으며, 대지가 뿌리를 통해 나무에 꽃을 피우듯이 영혼(空)은 단전을 통해 몸이라는 꽃을 피운다.

몸의 중심에 단전이 자리 잡으려면, 몸의 형태가 대칭적이어야 한다. 몸의 형태가 대칭적이면 단전은 저절로 몸의 중심에 자리 잡게 된다. 그러나 몸의 형태가 대칭적이지 않으면 몸의 중심은 존재하지 않게 되고, 당연히 단전은 몸의 중심에 자리 잡을 수 없게 된다.

인간지도는 몸의 형태가 대칭적이어서 그 한가운데에 몸의 중심이 존재하고, 그곳에 단전이 자리 잡고 있으며, 몸의 중심을 축으로 몸을 구성하는 모든 것들이 대칭적인 소용돌이 형태로 존재하고 있음을 표현하고 있다.

몸의 중심에 단전이 자리 잡으면, 몸의 중심에 둥근 형태로 공의 기둥이 생기고, 공의 기둥은 몸의 중심을 위에서 아래로 꿰뚫는다. 공의 기둥은 제3의 눈이다. 몸의 중심에 단전이 자리 잡으면, 몸은 제1의 눈과 제2의 눈이라는 두 개의 눈 이외에 제3의 눈을 뜨는 것이다.

제3의 눈은 공의 눈이자, 영혼의 눈이고, 의식의 눈이며, 내면의 눈으로서 나 자신을 보는 눈이다. 따라서 제3의 눈을 뜨면 의식은 내면으로 향하게 되고, 몸과 마음을 있는 그대로 들여다보게 된다. 몸의 자세와 움직임을 비롯한 몸에서 일어나는 모든 변화를 알아차리게 되고, 마음에서 일어나는 느낌과 감정과 생각의 변화를 알아차리게 되며, 자신이 원하는 생각과 행동을 할 수 있게 되는 것이다.

몸은 작은 우주다. 그러므로 제3의 눈을 뜨면, 자신의 몸에서 우주를 발견하게 되고, 자신의 장대함과 신비로움을 체험으로 알게 된다. 따라서 제3의 눈을 뜨면 더 이상 외부에서 무엇인가를 구하지 않게 된다. 그러나 제3의 눈을 뜨기 이전에는 오로지 대상만을 볼 수 있으므로 모든 것을 외부에서 구하고 외부에서 찾게 된다. 문제도, 문제의 원인도….

제3의 눈을 뜨면, 몸은 일체화된다. 몸이 일체화되면, 비로소 나는 독자적이고 독립적이며 독창적으로 존재하게 된다. 그 이전에 나의 모든 것은 흩어져 있었고, 부분으로만 존재하고 있었으며, 제각각 움직이고 있었다. 하지만 흩어져 있던 모든 것들이 단전을 중심으로 일체화되면, 나는 비로소 '나'라고 하는 존재로 드러나게 된다.

몸이 일체화되면, 몸을 구성하는 모든 것들은 본래의 형태를 드러내고, 본래의 기능을 발휘하게 된다. 몸을 구성하는 팔·다리·허리·옆구리·등판·엉덩이 등등 모든 부분들은 우주의 닮은꼴로서 반듯한 형태로 드러나고, 그 기능을 완벽하게 발휘하게 되는 것이다.

몸이 일체화되면, 몸을 구성하는 모든 것들은 서로 의지하며 존재하게 된다. 중심은 주변이 있기에 존재하고, 주변은 중심이 있기에 존재하며, 주변의 모든 것들도 서로 의지하며 존재하게 된다. 서로 의지하는 몸의 모든 것들은 대등하게 존재한다. 이제 미세한 세포 하나도 심장과 대등하게 서로 의지하여 존재하게 되는 것이다.

몸이 일체화되면, 몸을 구성하는 모든 것들은 유기적으로 연결되고, 유기적인 몸은 가장 효율적으로 작동하게 된다. 유기적인 몸은 가장 적은 에너지로 가장 효과적으로 작동하는 것이다. 유기적인 몸은 하체의 도움을 받아 단전을 움직이고, 단전의 움직임에 따라 몸의 모든 부분들이 작동하게 된다. 이제 단전은 하체에 의지하여 형태를 약간만 달리함으로써, 팔·다리를 쉽게 움직이게 된다. 따라서 일체화된 몸은 숨 쉬고, 걷고, 먹고, 앉고, 말하는 데 거의 에너지를 소모하지 않는다. 또한 일체화된 몸은 단전을 중심으로 조화롭게 작동하므로 몸에는 질병과 같은 소음이 발생하지 않는다.

몸이 일체화되면, 몸과 마음은 하나로 작동하게 된다. 몸과 마음이 일체화되는 것이다. 따라서 마음도 몸처럼 가장 효율적으로 작동하면서 더 이상 쓸데없는 욕망이나 생각, 감정에 에너지를 낭비하지 않게 된다. 왜냐하면 몸과 하나가 된 마음은 가장 적은 에너지로 지금 이 순간 필요한 생각과 감정만을 일으키기 때문이다.

인간지도의 태풍의 눈은, 몸의 중심에 단전이 자리 잡으면 제3의 눈이 나타나고, 몸과 마음이 일체화되면서 가장 효율적으로 작동하게 됨을 표현한다.

몸을 구성하는 모든 것들이 몸의 중심을 축으로 더욱더 대칭적으로 존재할수록, 단전은 몸의 중심에 점점 더 깊이 자리 잡게 된다. 몸이 대칭적일수록 몸의 중심은 더 깊어지는 것이다. 그리고 그렇게 몸의 중심이 깊어지는 한계는 존재하지 않는다.

몸의 중심이 깊어질수록, 몸은 더욱더 반듯해지고, 제3의 눈은 더욱더 또렷해지며, 몸을 구성하는 모든 것들은 유기적 일체로서 그 기능을 완벽하게 발휘하며 더욱더 효율적으로 작동하게 된다.

그러므로 몸의 중심에 단전이 자리 잡게 해야 한다. 몸의 중심에 단전이 자리 잡게 하려면, 모든 것을 단전으로 하면 된다. 단전으로 숨 쉬고, 단전으로 노래하고, 단전으로 걷고, 단전으로 먹고, 단전으로 말하고, 단전으로 힘쓰고, 단전으로 생각하면 되는 것이다. 그렇게 모든 것을 단전으로 하면, 몸은 점차 대칭적으로 펼쳐지면서, 몸의 중심에 단전이 자리 잡게 된다.

한민족은 이미 수천 년 전부터 단전으로 호흡하고, 명상하며, 무술을 수련하고, 노래하고, 말하는 전통을 지니고 있다. 바로 단전호흡·중심명상·태백권·판소리·창·염불 등이 그것이다.

단전호흡·중심명상·태백권·판소리·창·염불은 몸을 대칭적으로 펼쳐 몸의 중심에 단전이 자리 잡게 하는 것을 넘어, 몸의 중심을 축으로 일체화된 몸을 하나의 법칙에 따라 운용하는 방법을 가르친다.

따라서 단전호흡·중심명상·태백권·판소리·창을 올바르게 수련하면 효과적으로 몸의 중심에 단전이 자리 잡게 할 수 있다. 이곳에서는 그 중 단전호흡·중심명상·태백권의 일부 내용만을 간략히 기술한다.

단전호흡 · 중심명상 · 태백권(太魄拳)

호흡은 에너지를 생성하는 동시에 에너지를 소모한다. 그러므로 호흡으로 많은 에너지를 얻고 적은 에너지를 소모하면, 몸은 에너지로 충만하게 된다. 따라서 호흡은 가장 효율적으로 이루어져야 한다.

단전호흡은 가장 효율적인 호흡법이다. 왜냐하면 단전호흡은 단전으로 몸 전체를 유기적 일체로 작동시켜 가장 적은 에너지로 가장 큰 호흡을 일으키기 때문이다.

단전호흡은 단전과 호흡을 일체화시키는 수련법이다. 하체의 도움을 받은 단전의 움직임이 골반을 비롯한 몸 전체를 작동시키면, 몸의 움직임에 따라 들숨과 날숨이 저절로 일어나는데, 그것이 단전호흡이다. 따라서 단전호흡을 하면 치골에서 손가락 한 마디 정도 윗부분에 있는 단전이 팽창하고 수축하며 몸 전체를 작동시켜 호흡이 일어나게 된다.

처음부터 단전으로 호흡하기는 쉽지 않다. 왜냐하면 단전이 몸의 중심에 자리 잡지 못한 상태에서는 단전이 골반을 비롯한 몸 전체를 작동시킬 수 없기 때문이다. 단전이 골반과 몸 전체를 작동시키려면, 단전이 몸의 중심에 자리 잡아야만 하는 것이다. 그러므로 진정한 단전호흡은 단전이 몸의 중심에 자리 잡은 이후부터 가능해진다.

하지만 단전에 힘을 주어 팽창시켜 들숨이 일어나게 하고, 반대로 서서히 힘을 빼면서 날숨이 일어나게 하는 단전호흡을 의식적으로 계속하면 서서히 단전은 몸의 중심으로 접근하게 된다. 여기서 더욱더 의식적으로 단전호흡을 계속하면 결국 단전은 몸의 중심에 자리 잡고, 자연스럽게 단전을 중심으로 들숨과 날숨이 일어나게 된다. 그러므로 단전호흡은 단전을 몸의 중심에 자리 잡게 한다.

생각하는 것은 엄청난 에너지를 소모한다. 따라서 잡다한 생각을 내려놓고 필요한 생각에 집중하면, 생각에 많은 에너지를 소모하지 않게 되므로 몸은 에너지로 충만하면서 평화와 행복을 체험하게 된다.

중심명상은 단전과 마음을 일체화시키는 수련법이다. 의식의 초점을 단전에 맞추고 다른 모든 생각을 내려놓으면 마음은 단전과 일체화되면서 생각은 사라지게 된다.

중심명상은 호흡과 함께 진행된다. 왜냐하면 명상하는 순간에도 호흡은 계속되어야만 하기 때문이다. 그러므로 중심명상과 단전호흡은 조화롭게 이루어져야 한다.

중심명상은 의식의 초점을 단전에 두는 명상법이다. 따라서 중심명상은 단전호흡과 저절로 조화를 이루면서 단전이 몸의 중심에 자리 잡게 한다. 중심명상과 단전호흡이 조화롭게 이루어지면, 호흡은 명상에 리듬을 부여함으로써 더 깊은 중심명상이 일어나게 하고, 중심명상은 몸의 중심을 깊어지게 함으로써 더 깊은 단전호흡이 일어나게 한다.

중심명상은 끊임없이 몸과 호흡을 주시하며 진행한다. 호흡은 단전까지 내려가는가? 단전호흡을 방해하는 것은 무엇인가? 호흡과 몸은 일치하는가? 하체는 단단하게 단전을 받치고 있는가? 상체는 이완되어 있는가? 척추의 형태는 곧추서 있는가? 턱은 당겨져 있고, 머리는 척추 위에 가볍게 올려져 있는가? 시선은 내면을 향하고 있는가? 경직된 부분은 어디인가? 통증이 발생하는 원인은 무엇인가? 등등 중심명상은 끊임없이 호흡과 몸을 주시하다가, 몸의 중심을 잃게 하는 요인이 있으면 그것을 제거한 후, 다시 명상을 계속하게 된다.

따라서 중심명상은 가만히 앉아서 마음이 가라앉기만을 기다리는 일반적인 명상과는 구별된다. 일반적인 명상은 유리병 안의 흙탕물이 가라앉기를 기다리는 것처럼, 처음부터 끝까지 가만히 앉아 마음이 가라앉기만을 기다린다. 하지만 그런 식으로 가라앉은 마음은, 몸에 조그마한 통증이 발생하거나 현실의 힘겨운 삶과 직면하는 순간 모든 것이 무너지며 원점으로 되돌아간다. 그것은 유리병이 흔들리는 순간, 유리병 밑에 가라앉은 흙탕물이 유리병 전체를 흙탕물로 가득하게 하는 것과 같다.

하지만 중심명상은 호흡과 몸을 주시하고, 생각이 일어나는 원인을 제거하므로, 유리병 자체를 맑은 물로 씻어내고 새로운 물로 갈아 채우는 방식으로 진행된다. 따라서 시간이 지날수록 유리병 안의 흙탕물이 사라지면서 잡다한 생각은 일어나지 않게 된다. 그러므로 중심명상을 지속할수록 단전은 몸의 중심에 자리 잡게 된다.

태백권(太魄拳)은 수천 년 전에 중심의 비밀을 이해한 선인(仙人)들에 의해 창안된 한민족 고유의 무술로서, 몸을 지키는 호신술이자, 단전을 몸의 중심에 자리 잡게 하는 수련법이다.

태백권의 백(魄)은 '혼백 백(魄)자'를 쓴다. 그것은 큰(太) 혼(魄)의 권법이라는 뜻으로, 영혼이 몸을 통해 드러나는 무술이라는 의미다. 또한 태백권은 태극권(太極拳)으로도 불리는데, 태극은 극(極)의 극(極)이라는 뜻으로, 극을 초월하는 극점에 이르러 자연스럽게 반대방향으로 변화하면서 크게 태극을 그리며 펼치는 무술이라는 의미다.

태백권의 모든 움직임은 단전에서 비롯된다. 단전을 제외한 몸의 다른 모든 부분들은 단전의 움직임을 따르게 된다. 팔·다리의 독자적인 움직임은 없고, 단전이 움직이기에 팔·다리도 움직이는 것이다. 또한 호흡과 생각과 마음까지도 단전의 움직임을 따를 뿐, 그 어느 것도 단전에 앞서갈 수는 없다. 몸과 마음의 모든 것은 그림자가 몸을 따르듯이 단전을 따라 작동하는 것이다. 따라서 태백권의 모든 동작에서는 마음이 존재할 수 없고, 모든 동작은 무심(無心)의 상태에서 펼쳐지게 된다.

단전의 움직임에 따라 몸의 모든 부분이 작동하며 펼쳐지는 태백권의 모든 동작은 대칭적일 수밖에 없다. 몸은 대칭에서 대칭으로 움직이는 것이다. 그러므로 단전의 주도로 이루어지는 태백권의 모든 동작은 언제나 대칭적인 태극무늬를 그리게 된다.

태백권은 단전을 중심으로 펼쳐진다. 그러므로 단전이 몸의 중심에 자리 잡지 않은 상태에서 태백권을 펼치기는 어렵다. 하지만 단단한 하체 위에서, 단전에 힘을 모으고 단전을 축으로 몸을 대칭적으로 움직이는 태백권 수련을 계속하면 조금씩 태백권이 가능해지고, 더욱더 의식적으로 태백권을 계속하면 결국 모든 몸동작은 단전을 축으로 대칭적인 태극무늬를 그리게 된다.

그러므로 태백권을 수련하면 할수록 몸의 중심에 단전이 깊이 자리 잡게 된다.

태백권은 그 양이 너무도 방대하고, 그 내용이 너무도 오묘해서 글로 표현하기에는 적당하지 않다. 따라서 태백권의 모든 수련법을 이곳에 기술할 수는 없다. 그래서 이곳에서는 태백권의 수많은 수련법 가운데 하나인 '탁천(卓天)'의 개요만을 간단히 소개하기로 한다. 탁천만 제대로 수련해도 몸을 대칭적으로 활짝 펼쳐 단전이 몸의 중심에 자리 잡게 하는 데 부족함이 없을 것이다.

탁천은 날고 있는 용의 머리 위에서 한쪽 다리로 서서 붓으로 구름을 찍어 하늘에 글을 쓰는 자세다. 탁천은 두 다리를 모으고 서서, 팔을 양 옆구리에 늘어뜨린 기식 자세에서 시작한다.

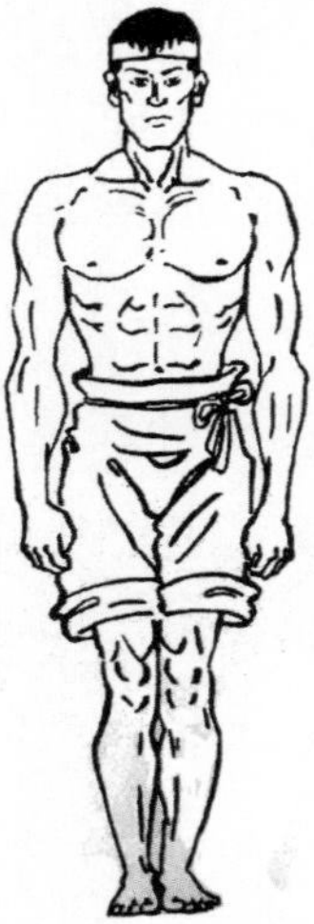

기식 자세

통단 자세

탁천 자세

이어서 두 주먹을 앞으로 재빨리 휘둘러 겨드랑이에서 뒤로 당기듯 단단히 잡는다. 이때 몸은 온몸으로 활시위를 당기는 것처럼 팽팽하게 되고, 아랫배·엉덩이·다리·발을 비롯한 몸 전체를 통나무처럼 하나의 힘, 하나의 기운으로 꽉 잡게 되는데, 그래서 이 자세를 통단(通丹)이라고 한다.

이어서 통단 자세의 힘을 그대로 유지하며 탁천 자세를 취한다. 탁천 자세는 한쪽 다리를 앞으로 내디디며 오금을 펴고 단단히 버티고 서서 몸 전체의 중심을 잡는 동시에 반대쪽 다리는 힘을 놓은 상태에서 무릎을 세우고 발목을 편 자세로 든다.

그와 동시에 버티고 서 있는 다리와 같은 쪽의 팔은 하늘을 가를 듯 똑바로 위로 뻗고, 반대편 팔은 땅을 가를 듯 아래로 반대쪽 허벅지 방향으로 뻗는다. 이때 버티고 서 있는 다리는 몸의 압력을 받아 단단한 상태가 되어 몸 전체를 떠받쳐야 하고, 상체와 들고 있는 다리는 가볍게 힘을 뺀 상태로 척추에 의지하여 형태를 유지해야 하며, 머리는 상체 위에 가볍게 얹혀야 한다.

이 모든 동작은 몸의 중심에 자리 잡은 단전의 움직임에 따라 이루어진다. 단전의 꼬임(core)에 의해 팔·다리를 비롯한 몸 전체가 작동해야 하는 것이다. 따라서 단전이 꼬임에 따라 몸의 모든 부분들도 회전하며 꼬이게 된다. 버티고 서 있는 다리, 상체, 두 팔과 머리가 단전과 같은 방향으로 회전하며 꼬여, 몸 전체가 하나의 소용돌이로 존재하는 것이다.

탁천에서 호흡은, 두 팔을 뻗고 한쪽 다리로 몸 전체를 받치고 서는 동작에서 단전에 힘이 들어가며 저절로 들숨이 들어오고, 두 팔과 두 다리를 다시 모을 때 단전의 힘이 살짝 놓이면서 저절로 날숨이 일어나게 된다. 또한 탁천을 행할 때 의식의 초점은, 언제나 단전에 둠으로써, 단전이 몸 전체를 조율하게 한다.

태백권·중심명상·단전호흡을 수련하면, 결국 단전은 몸의 중심에 자리 잡게 된다. 그러나 태백권과 중심명상, 단전호흡만으로 몸의 중심에 단전이 완벽하게 자리 잡기는 쉽지 않다. 왜냐하면 몸은 세포라는 수많은 생명체들로 이루어지기 때문이다.

모든 생명체는 몸의 중심과 몸소용돌이의 핵을 지니고 있다. 따라서 세포도 세포의 중심과 세포소용돌이의 핵을 지닌다. 그러므로 몸의 중심에 단전이 완벽하게 자리 잡으려면, 반드시 몸을 구성하는 모든 세포의 중심에 세포소용돌이의 핵이 자리 잡아야만 한다.

세포는 몸의 축소형이다

세포는 몸을 구성하는 기본 단위 조직이다. 성인의 몸은 평균 60조 개에서 100조 개 정도의 세포들로 이루어진다. 각각의 세포는 몸과는 독립적·독자적으로 존재하는 또 하나의 완전한 생명체다.

세포는 몸의 축소판으로서 몸의 모든 것에 상응하는 모든 것을 동일하게 구비하고, 동일한 방식으로 작동한다. 따라서 각각의 세포는 몸과 마음과 영혼이 있고, 산소를 호흡하고, 영양성분을 섭취하며, 소화하고, 배설한다.

몸은 전체 세포들의 총합이다. 그러므로 세포들의 활력의 총합이 몸의 활력이고, 세포들의 행복의 총합이 몸의 행복이며, 세포들의 생각의 총합이 몸의 생각이고, 세포들의 느낌의 총합이 몸의 느낌이며, 세포들의 고통의 총합이 몸의 고통이고, 세포들의 걱정의 총합이 몸의 걱정이다.

세포가 원하는 것은 충분한 양의 산소와 미네랄원소들과 탄수화물·지방·단백질 등과 같은 영양성분이다. 세포는 산소·미네랄원소·영양성분만 충분하면 더 이상 바랄 것이 없고, 따라서 세포는 행복함을 느끼게 된다.

모든 세포는 혈액을 통해 산소·미네랄원소·영양성분을 공급받는다. 따라서 혈액으로부터 충분한 양의 산소·미네랄원소·영양성분을 공급받으면, 모든 세포들은 행복하게 된다.

세포의 형태는 세포의 수만큼 다양하다. 둥근 형태도 있지만 육면체에 가까운 형태도 있고, 길이가 긴 형태도 있다. 세포가 특정한 형태를 유지할 수 있는 것은 세포에도 골격이 있기 때문이다.

몸의 형태가 몸 골격에 따라 결정되듯이, 세포의 형태는 세포 골격에 의해 결정된다. 몸 골격이 내장기관을 고정시키고, 몸을 지지하여 몸의 형태를 유지하듯이, 세포 골격은 세포의 기관들을 고정시키고, 세포를 지지하며, 세포의 형태를 유지한다.

건강한 세포는 세포 골격이 튼튼하여 대칭성을 유지하고, 세포 표면은 매끄럽고 반들반들하다. 그러나 병약한 세포는 세포 골격이 약하므로 찌그러지고, 표면도 쭈글쭈글해진다. 그것은 건강한 사람의 골격은 대칭적이면서 반듯하고 피부는 매끄럽지만, 병약한 사람의 골격은 찌그러지고 피부는 거친 것과 같다.

세포의 중심과 세포소용돌이의 핵

하나하나의 세포는 우주의 닮은꼴이자 또 하나의 완전한 우주다. 따라서 세포는 전체우주와 마찬가지로 우주근본법인 하나의 법칙에 따라 조화·질서·리듬 속에서 변화하는 코스모스이고, 완벽한 우주에서 다른 완벽한 우주로 끊임없이 변화하는 존재다.

우주와 닮은꼴로 존재하는 세포의 모든 것을 '세포지도'로 표현할 수 있다. 세포와 몸, 우주는 서로 닮은꼴이므로 세포지도는 우주지도, 인간지도와 마찬가지로 태풍 형태일 수밖에 없다. 그러므로 우주지도와 인간지도로 사용된 똑같은 태풍 사진을 세포지도로 활용할 수 있다.

세포지도는 공과 형상으로 세포를 표현한다. 그것은 세포도 우주와 마찬가지로 공 속에서 형상이 둥둥 떠 있는 형태로 존재함을 의미한다.

세포는 소용돌이다. 세포를 구성하는 모든 형상들은 중심을 축으로 소용돌이 형태로 존재한다. 태풍 형태의 세포지도는 세포가 소용돌이 형태로 존재하고 있음을 표현하고 있다.

세포는 하나의 소용돌이다. 만일 세포의 소용돌이 형태가 무너지면, 세포의 모든 것은 흩어지며 사라지게 된다. 그러므로 세포는 소용돌이 형태로 존재해야 한다.

세포를 구성하는 모든 형상들이 하나의 소용돌이로 존재하려면, '세포의 중심'에 '세포소용돌이의 핵'이 자리 잡아야만 한다.

세포의 중심은 전후좌우가 대칭적인 형태로 존재하는 세포의 한가운데다. 따라서 세포의 형태가 대칭적이면 세포의 중심은 존재하지만, 대칭적이지 않으면 세포의 중심은 존재할 수 없다.

세포소용돌이의 핵은 세포의 단전이다. 세포의 단전은 세포핵의 한가운데에 존재한다. 세포의 단전은 세포소용돌이의 원천이다. 세포의 단전에서 세포소용돌이는 시작되고, 세포의 모든 것은 세포의 단전을 축으로 소용돌이 형태로 존재한다.

세포의 형태가 대칭적이면 세포의 중심은 존재하고, 세포의 단전은 세포의 중심에 자리 잡게 된다. 그러나 세포의 형태가 찌그러지면 세포의 중심은 존재하지 않으므로 세포의 단전은 세포의 중심에 자리 잡을 수 없게 된다. 세포지도는 세포의 형태가 대칭적이어서 세포의 중심이 존재하고, 그곳에 세포핵이 자리 잡고 있으며, 따라서 세포의 단전은 세포의 중심에 자리 잡고 있음을 나타내고 있다.

세포의 중심에 세포의 단전이 자리 잡으면, 세포를 구성하는 모든 형상들은 일체화(一體化)된다. 세포핵, 미토콘드리아 등 세포를 구성하는 모든 부분들은 하나로 존재하는 것이다.

세포가 일체화되면, 세포를 구성하는 모든 것들은 조화롭게 존재하며 자기 본래의 기능을 발휘하게 된다. 세포막은 세포막으로서, 미토콘드리아는 미토콘드리아로서 각자의 기능을 발휘하게 되는 것이다.

세포가 일체화되면, 세포는 유기적 일체로서 가장 효율적으로 작동하게 된다. 이제 세포는 가장 적은 에너지로 작동되므로 세포의 단전은 적은 에너지로 세포를 구성하는 모든 부분들을 유기적으로 작동시킨다. 따라서 세포에는 더 이상 잡념이나 질병이 발생하지 않고, 모든 것들은 조화롭게 돌아가게 된다.

그러나 세포의 중심이 존재하지 않으면, 세포의 일부분만 세포의 단전을 축으로 작동하고, 그 외의 다른 부분들은 제각각 따로 움직이게 된다. 따라서 세포는 많은 에너지를 쓰고도 제대로 작동하지 못하므로, 세포를 구성하는 모든 것들은 제 기능을 발휘하지 못하다가 리듬과 조화를 잃고 흩어지게 된다.

미네랄밸런스는 세포를 대칭형으로 펼친다

하나의 세포는 수많은 원소들로 이루어진다. 그러므로 세포를 구성하는 하나하나의 원소들은 '세포의 세포'들이다. 몸이 세포들로 이루어지듯이, 세포는 원소라는 세포의 세포들로 이루어진다.

원소의 종류는 130여 가지이고, 그중 수소, 산소, 탄소, 질소를 제외한 나머지 모든 원소들을 미네랄원소라고 한다. 따라서 미네랄원소의 종류는 120여 가지가 넘는다.

인간의 몸에는 대부분의 미네랄원소들이 있어야 하고, 그중 100여 종류 이상의 미네랄원소들은 반드시 있어야만 하는 필수 미네랄원소들이다. 왜냐하면 고도로 진화한 인간은 수많은 기능을 수행하고, 다양한 느낌·생각·감정들을 느끼고 표현하려면 다양한 미네랄원소들이 필요하기 때문이다.

미네랄원소들은 세포를 구성하는 기본적인 재료다. 세포뿐만 아니라 비타민과 호르몬, 각종 체액 등 몸을 구성하는 모든 것들은 반드시 미네랄원소가 있어야만 만들어진다.

수많은 별들이 조화와 균형을 유지하고 있는 은하계

현존하는 거의 모든 종류의 미네랄원소들은 세포라는 하나의 용기 속에서 하나의 은하계를 구성하는 수많은 별처럼 서로 조화와 균형을 유지하며 존재한다. 세포라는 은하계 속에서 수천억에서 수천조 개에 달하는 미네랄원소들이 밤하늘에 빛나는 별처럼 조화롭게 존재하는 것이다.

세포를 구성하는 미네랄원소들은 주로 이온 형태로 존재한다. 미네랄원소들은 세포 속에서 서로 엉킨 분자 형태가 아닌 원소 형태로 존재하는 것이다. 미네랄원소들은 각자 독자적이고 독립적으로 존재하는 것이다. 그렇다고 미네랄원소들이 제멋대로 존재하는 것은 아니다. 모든 미네랄원소들은 각자 자신의 자리를 지키며 유기적으로 연결되어 존재한다.

은하계에서 태양의 있어야 할 자리에 태양이 존재해야 한다. 만일 태양이 있어야 할 자리에 태양이 없거나 다른 별이 그 자리를 차지하고 있으면 은하계는 혼란에 빠지게 된다. 마찬가지로 세포 안에서 각각의 미네랄원소들은 자신의 자리를 지켜야만 한다. 만일 특정 미네랄원소가 있어야 할 자리에 그 미네랄원소가 존재하지 않거나 다른 미네랄원소가 그 자리를 차지하고 있으면, 세포는 혼란에 빠지게 된다.

은하계를 구성하는 별들이 골고루 존재하고 모든 별들이 자기 자리에 있을 때, 은하계는 대칭형으로 활짝 펼쳐지게 된다. 마찬가지로 세포를 구성하는 100여 종류 이상의 미네랄원소들이 적절한 비율에 따라 골고루 존재하며 각자 자기 자리를 지킬 때, 세포는 대칭형으로 활짝 펼쳐지게 된다.

이렇게 세포를 구성하는 미네랄원소들이 적절한 비율로 골고루 존재하는 상태를 '미네랄밸런스가 이루어진 상태'라고 한다. 반대로 세포를 구성하는 미네랄원소들의 비율이 무너져 특정 미네랄원소는 없거나 부족하고, 다른 미네랄원소는 과다한 상태를 '미네랄밸런스가 무너진 상태'라고 한다.

미네랄밸런스가 이루어지면, 세포는 대칭형으로 활짝 펼쳐지고 세포의 중심이 드러나며, 세포는 모든 기능을 완벽하게 발휘하게 된다. 그러나 미네랄밸런스가 무너지면, 세포는 찌그러지고 세포의 중심은 사라지며, 세포는 본래의 기능을 발휘하지 못하게 된다. 그러므로 세포가 대칭형으로 활짝 펼쳐지려면 반드시 미네랄밸런스가 이루어져야만 한다.

미네랄의 기능이 세포의 기능이다

세포는 수많은 기능을 수행한다. 세포의 기능은 세포의 종류에 따라 다르다. 신장세포는 요산을 분해하여 요소수(오줌)로 만들고, 간세포는 독소를 분해하여 영양성분으로 만들며, 근육세포는 힘을 전달하는 등 모든 세포는 각자 맡은 역할에 따라 서로 다른 기능을 수행한다.

세포가 어떤 기능을 수행하기 위해서는 반드시 미네랄원소를 필요로 한다. 모든 생명 활동에는 미네랄원소가 반드시 있어야만 하는 것이다. 감각기관들이 아주 미세한 느낌을 느끼거나, 조그마한 감정을 표현하는 것은 물론 잠자거나, 말하거나, 생각하거나, 음식물을 소화하거나, 요산이나 독소를 분해하거나, 힘을 쓰는 등, 세포가 어떤 기능을 수행하기 위해서는 반드시 미네랄원소가 있어야만 한다.

각각의 미네랄원소는 그 종류에 따라 세포 안에서 서로 다른 기능을 발휘한다. 칼슘(Ca), 칼륨(K), 마그네슘(Mg), 나트륨(Na), 금(Au)등의 모든 미네랄원소들은 저마다의 역할을 하고 있는 것이다. 그것은 각각의 세포가 몸에서 서로 다른 역할을 수행하는 것과 같다.

세포가 어떤 기능을 수행할 때마다 세포는 그 기능을 보유한 미네랄원소를 사용한다.

백혈구세포가 세균이나 암세포를 죽일 때에는 나트륨이온을 사용하고, 간세포가 알코올을 해독하거나 신장세포가 요산을 요소수로 분해할 때에는 산소와 함께 여러 가지 미네랄원소들을 복합적으로 사용하는 것처럼, 세포가 어떤 기능을 발휘하려면 반드시 미네랄원소를 사용해야만 하는 것이다. 그러므로 미네랄원소의 기능이 세포의 기능이다. 그것은 몸의 기능이 세포의 기능인 것과 같은 이치다.

그러므로 세포의 미네랄밸런스가 이루어지면, 세포는 모든 기능을 완벽하게 발휘하게 된다. 왜냐하면 미네랄밸런스가 이루어지면, 세포는 모든 미네랄원소들이 보유한 모든 기능을 발휘할 수 있기 때문이다.

그러나 세포의 미네랄밸런스가 무너지면, 세포는 보유하지 못한 미네랄원소의 기능을 발휘할 수 없게 된다. 따라서 세포는 제 기능을 발휘할 수 없게 되고, 몸도 제 기능을 발휘하지 못하게 된다.

세포는 어떤 기능을 수행할 때마다 그 기능을 보유한 미네랄원소를 사용하고, 세포에게 기능을 제공한 미네랄원소는 보유하고 있는 고유의 에너지를 소진한다.

그러면 세포는 에너지를 소진한 미네랄원소를 세포 외부로 내보내고, 에너지를 가지고 있는 새로운 미네랄원소를 세포 외부로부터 받아들인다.

예를 들어, 신장세포가 미네랄원소들을 사용하여 요산을 요소수로 변화시키면, 그 과정에서 사용된 미네랄원소들은 보유한 에너지를 소진하므로 그 기능을 상실하게 된다. 따라서 신장세포는 기능을 상실한 미네랄원소들을 세포 외부로 버리고, 새로운 미네랄원소들을 세포 외부로부터 받아들인다.

세포 외부는 물로 가득하다. 세포 외부는 세포외액이라는 물로 뒤덮여 있다. 또한 세포의 내부도 세포내액이라는 물로 가득하다. 세포는 바다 속에서 바다를 품고 있는 형상으로 존재하는 것이다. 그것은 몸이 공 속에서 공으로 존재하는 것과 같다.

그러므로 세포외액이 미네랄밸런스를 유지하면 세포내액도 미네랄밸런스를 유지하게 되고, 세포외액의 미네랄밸런스가 무너지면 세포내액의 미네랄밸런스도 무너지게 된다. 세포내액의 미네랄밸런스는 전적으로 세포외액의 미네랄밸런스에 의존하고 있는 것이다.

세포외액의 대부분은 혈액이고, 세포내액은 세포 그 자체다.

그러므로 혈액의 미네랄밸런스가 유지되면 세포도 미네랄밸런스를 유지하게 되고, 혈액의 미네랄밸런스가 무너지면 세포의 미네랄밸런스도 무너지게 된다. 세포의 미네랄밸런스는 전적으로 혈액의 미네랄밸런스에 의존하는 것이다.

혈액의 미네랄밸런스 상실은 모든 질병의 뿌리다

지금 지구촌은 산성화가 진행되고 있다. 대기는 이산화탄소를 비롯한 온실가스가 증가하면서 산성화되고, 대지는 하늘에서 내리는 산성비와 함께 비료·농약 등의 온갖 화학물질로 산성화되며, 그에 따라 바다도 산성화되고 있다.

산성비는 육지의 담수를 산성화시키는 동시에 미네랄원소를 녹여 바다로 끌고 간다. 그에 따라 시간이 지날수록 식물과 동물은 미네랄원소를 충분히 섭취할 수 없게 되었고, 그런 식물과 동물을 먹고 사는 인간도 미네랄원소를 충분히 섭취하지 못하게 되었다. 또한 모든 생명 활동은 반드시 미네랄원소를 필요로 하므로 생명 활동을 하면 할수록 미네랄원소를 소모하게 된다.

따라서 미네랄원소를 충분히 섭취하지 못하면서 미네랄원소를 계속적으로 소모하는 몸은 시간이 지남에 따라 미네랄밸런스를 상실하게 된다.

몸이 미네랄밸런스를 상실하면 혈액도 미네랄밸런스를 상실하게 되고, 세포의 미네랄밸런스도 무너지게 된다.

미네랄밸런스를 상실한 혈액과 세포는 산성화된다. 산성화된 지구의 공기를 호흡하고, 지구의 물과 음식을 먹는 인간의 혈액과 세포 또한 지구처럼 산성화될 수밖에 없는 것이다.

혈액은 항산성을 유지하도록 설계되어 있다. 몸은 산성물질이 유입되면 알칼리성 미네랄원소를 동원하거나, 혈액 속의 이산화탄소를 내보냄으로써 혈액의 ph를 평균 7.3~7.5로 유지한다.

하지만 미네랄밸런스가 무너진 몸은 혈액의 항산성을 유지할 수 없다. 왜냐하면 산성화된 몸은 알칼리성 미네랄원소가 부족하고, 산성물질인 이산화탄소를 몸 바깥으로 내보낼 수도 없기 때문이다. 따라서 혈액의 산성화는 시간이 지날수록 심화될 수밖에 없다.

혈액의 산성화는 질병과 직결된다. 혈액의 ph가 7.0 이하로 내려가면 각종 질병이 발생하기 시작하고, 5.0 이하가 되면 암이 발생하며, 4.0 이하가 되면 사망하게 된다.

산성화된 혈액은 혈액 속의 단백질과 지방을 응고시켜 혈전(어혈)을 만들어낸다. 그것은 우유에 식초를 넣으면 우유가 응고되는 것과 같은 원리다.

산성화된 혈액은 산소포화도와 영양물질함유도가 떨어진다. 왜냐하면 산성화와 산소는 서로 상극(相剋)이고, 혈액에 혈전이 섞인 만큼 영양물질함유도는 떨어지기 때문이다.

산성화된 혈액은 유속이 떨어져 천천히 흐르게 된다. 왜냐하면 산성화된 혈액은 산소포화도가 떨어지고 혈전이 섞이면서, 탁해지고 끈적이기 때문이다.

혈전이 섞이고, 산소포화도가 떨어지며, 유속이 느려진 혈액은 산소와 영양성분을 세포에 충분히 공급할 수 없다. 왜냐하면 만일 혈액의 유속이 1/2로 느려지고, 산소포화도와 영양성분함유도가 각각 1/2씩 떨어진다면, 세포는 산소와 영양성분을 각각 1/4씩만 공급받기 때문이다.

찌그러진 세포

그러므로 혈액의 미네랄밸런스가 무너져 산성화되면, 세포는 미네랄원소뿐만 아니라 산소와 각종 영양성분까지 부족하게 되므로 찌그러지게 된다. 찌그러진 세포의 세포핵, 세포막, 미토콘드리아 등은 탄력을 잃으면서 그림과 같이 늘어지고, 주름이 생기며, 한쪽으로 쏠리면서 자기 자리를 지키지 못하게 된다.

찌그러진 세포는 세포로서의 기능을 발휘하지 못한다. 그 세포가 간세포라면 지방과 독소를 분해하는 기능이, 뼈세포라면 뼈로서의 단단함이, 피부세포라면 외부세계의 온도나 강렬한 햇볕으로부터 몸을 보호하는 기능이 떨어지는 것이다. 이렇게 산성화된 혈액을 공급받아 찌그러진 세포들이 많아진 장기와 근육 등은 그 기능을 충분히 수행할 수 없게 되는데, 그것을 질병이라고 한다.

또한 찌그러진 세포는 면역기능을 잃게 된다. 모든 세포는 면역기능을 가지고 있다. 일반 세포들은 세균과 바이러스의 공격에 대항하여 소극적으로 자신을 지키는 면역기능이 있고, 면역세포들은 적극적으로 세균·바이러스·암세포를 잡아먹고 노폐물을 제거하는 등의 면역기능을 지닌다.

일반 세포들이 찌그러지며 면역기능을 잃으면, 자기 자신을 지키지 못하게 된다. 세포와 비슷한 크기의 세균과 암세포는 찌그러지면서 쭈글쭈글해진 세포막에 붙어 기생하고, 세포에 비해 수천 내지 수만 분의 일 정도로 작은 바이러스는 쭈글쭈글한 세포막을 뚫고 세포 안으로 침입하여 세포의 에너지원인 미토콘드리아에 붙어 에너지를 빨아 먹으며 기생하게 된다.

면역세포들이 찌그러지며 면역기능을 잃고 힘없이 늘어지면, 바로 옆으로 세균·바이러스가 지나가도 꼼짝도 하지 못하거나, 그것들과 싸워도 이기지 못하게 되며, 심지어 세균이나 바이러스가 면역세포에 붙어 기생하게 된다. 그에 따라 세균·바이러스는 몸 안에서 자유롭게 활동하고 번식하는데, 그것을 질병이라고 한다.

혈전이 섞이고, 산소포화도가 떨어지며, 유속이 떨어진 혈액은 혈관을 막는다. 혈전은 미세한 모세혈관부터 막기 시작해 세동맥과 대동맥의 순으로 피의 흐름을 막는다. 따라서 대동맥이 막히면서 발생하는 질병은 이미 그보다 가는 세동맥과 모세혈관의 대부분이 막혀 있다는 증거다.

모세혈관이 막히면, 막힌 모세혈관을 통해 혈액을 공급받는 세포들은 산소·미네랄원소·영양성분을 거의 공급받지 못하게 되므로 찌그러지면서 세포로서의 기능을 상실하게 된다. 모세혈관의 막힘은 내장기관과 감각기관은 물론 신경·뼈·근육·피부를 막론하고 몸 전체적으로 진행된다.

특히 신장과 간의 모세혈관이 막히면, 많은 수의 신장세포와 간세포가 기능을 상실하므로, 요산과 독소의 제거라는 신장과 간의 기능을 수행하지 못하게 된다. 요산과 독소는 강력한 산성물질이다. 따라서 신장과 간의 기능이 떨어져 요산과 독소를 제거하지 못하면, 혈액은 더욱더 산성화되면서 더 많은 혈전이 만들어지므로,

더 많은 장기와 조직의 혈관이 광범위하게 막히게 된다.

모세혈관이 막힌 세포들은 산소·미네랄원소·영양성분을 극히 일부만 공급받게 되므로 찌그러지다가 죽거나, 모든 기능을 정지하고 가사상태에 빠지게 된다. 그것은 동물들이 극심한 환경에 처하면 모든 기능을 정지하고 겨울잠을 자는 것과 유사한 상태다.

죽거나 가사상태에 빠진 세포는 찌그러지면서 세포로서의 기능을 전혀 수행하지 못한다. 또한 죽거나 가사상태에 빠진 세포는 면역기능을 상실하므로 세균과 바이러스의 침입에 무방비 상태가 된다.

이렇게 혈관이 막힘으로 인해 몸의 특정 부분에 죽거나 가사상태에 빠진 세포들의 숫자가 많아지면 그 부분은 기능을 잃게 된다. 그 부분이 간이면 간 기능을, 신장이면 신장 기능을, 눈이면 각종 눈의 기능을 잃게 되는데, 그것을 질병이라고 한다.

질병은 하나의 거대한 나무다. 그 나무에는 셀 수도 없을 정도로 수많은 종류의 증상이라는 잎사귀들이 매달려 있다. 증상이라는 잎사귀들은 면역력의 약화와 혈관의 막힘이라는 줄기들에 연결되어져 있고, 면역력의 약화와 혈관의 막힘이라는 줄기는 혈액의 산성화라는 질병의 밑동과 연결되어 있다. 그리고 혈액의 산성화라는 질병의 밑동은 혈액의 미네랄밸런스 상실이라는 질병의 뿌리와 연결된다.

뇌졸중
천식
백혈병
간암
신장암
치매
폐암
뇌수막염
통풍
하지정맥류
당뇨
풍치
심근경색
충치
유방암
고혈압
고혈압
우울증
역류성식도염
폐렴
여드름
감기
위암
중이염
자궁암
위염
백내장
면역력 상실
혈관의 막힘
전립선염
녹내장
혈액의 산성화
미네랄밸런스상실

질병이라는 나무

결국 모든 질병은 혈액의 미네랄밸런스 상실로부터 시작된다. 혈액이 미네랄밸런스를 상실함으로써 혈액이 산성화되고, 산성화된 혈액이 혈관을 막거나 세포의 면역력을 떨어뜨림으로 인해 세포들이 제 기능을 발휘하지 못하게 되면서, 질병이라는 수많은 증상들이 나타나는 것이다.

그러므로 혈액이 미네랄밸런스를 회복하면, 세상의 모든 질병은 사라지게 되는데, 그것은 세포가 탄생하고 진화한 과정을 유추해 보아도 알 수 있다.

세포의 탄생과 진화

생명은 원시바다에서 탄생했다. 생명의 어머니인 지구는 지구를 구성하는 모든 미네랄원소들을 물에 녹여 원시바다를 창조했다.

원시바닷물은 미네랄밸런스를 유지하고 있었다. 왜냐하면 원시바다는 수십억 년에 걸쳐 지구에 존재하는 모든 종류의 미네랄원소들이 그 비율에 따라 물에 녹아 들어가면서 만들어졌기 때문이다.

그러므로 미네랄밸런스는 지구를 구성하는 미네랄원소들의 비율이자, 원시바다를 구성하는 미네랄원소들의 비율이다. 지구와 원시바다의 비율이 미네랄밸런스인 것이다.

원시바닷물은 지구의 양수다. 지구는 지구자기장과 미네랄원소들의 조화와 균형 속에서 원소들을 결합시켜 다양한 형태의 단백질을 만들었고, 다양한 단백질들을 결합시켜 다양한 형태의 생명을 탄생시켰다. 그 생명이 '세포'와 세포에게 '유익한 미생물'들이다.

지구의 양수에서 탄생한 세포와 유익한 미생물들은, 지구와 원시바다의 비율에 따라 모든 미네랄원소들을 수용하고 그것들이 하나로 작동하는 다양한 형태와 구조를 지니게 되었다.

지구의 양수에서 태어난 세포와 유익한 미생물들은 필요한 모든 것을 언제나 얻을 수 있었다. 왜냐하면 세포의 외부는 언제나 미네랄밸런스를 유지하고, 산소와 각종 영양성분을 충분히 함유한 원시바닷물이 가득했기 때문이다.

원시바닷물은 미네랄밸런스가 이루어져 있으므로 약알칼리성으로서 언제나 맑고 깨끗했다. 또한 원시바닷물 속에는 세포와 유익한 미생물들을 해하거나 고통을 주는 것은 처음부터 존재할 수 없었다. 그래서 세포와 유익한 미생물은 원시바닷물로부터 어떠한 위험요인도 없이, 원하는 모든 것을 충족하면서, 수없이 분열을 거듭하며 수많은 2세들을 남길 수 있었다.

분열에 분열을 거듭한 세포들은 원시바다를 가득 채웠고, 필연적으로 영양물질을 얻기 위해 경쟁하게 되었다. 세포들은 경쟁에서 이기기 위해 서로 역할을 분담하여 하나의 몸으로 결합하는 방향으로 진화했다. 어떤 세포는 눈의 역할, 다른 세포는 소화기관의 역할, 또 다른 세포는 지느러미의 역할과 같이 서로 역할을 분담하여 더 큰 생명체인 하나의 몸으로 진화한 것이다.

그렇게 하나의 몸으로 진화해도 세포들은 언제나 원시바닷물 속에서만 존재할 수 있을 뿐이다. 왜냐하면 세포들은 미네랄밸런스가 이루어진 원시바닷물 속에서만 생존할 수 있기 때문이다.

그래서 하나의 몸을 구성하는 세포들 사이에는 언제나 원시바닷물이 흐르는 구조로 진화될 수밖에 없었다. 따라서 하나의 몸을 구성하는 세포들 사이에는 원시바닷물과 똑같은 혈액이 흐르게 되었고, 세포들은 미네랄밸런스를 유지한 혈액을 통해 산소를 호흡하고, 영양물질을 공급받을 수 있었다.

원시바닷물 속에서 존재하는 하나의 몸이 혈액의 미네랄밸런스를 유지하는 것은 어떠한 어려움도 없었다. 왜냐하면 하나의 몸의 외부는 언제나 미네랄밸런스를 유지하고 있는 원시바닷물로 가득했기 때문이다.

미네랄밸런스를 유지하는 혈액은 원시바닷물과 똑같다. 따라서 미네랄밸런스를 유지하는 혈액은 원시바닷물처럼 약알칼리성으로 맑고 깨끗하고, 그 속에는 세포를 해하거나 세포에게 고통을 주는 것은 처음부터 존재할 수 없다.

그렇게 세포는 미네랄밸런스가 이루어진 원시바닷물과 혈액 속에서 수십억 년 동안 생존하면서 수많은 생명체들로 진화하고 번성할 수 있었다.

만일 미네랄밸런스가 이루어진 원시바닷물이나 혈액 속에 세포보다 더 강한 어떤 것, 예를 들어 단 한 종류의 유해한 세균이나 바이러스가 존재할 수 있었다면, 모든 세포들은 진화 과정에서 사라졌을 것이고, 생명의 물줄기는 다른 방향으로 이어졌을 것이다.

세포 · 유익한 미생물 / 세균 · 바이러스

그 후 몸은 어류에서 양서류, 파충류, 포유류로 진화하며 바다를 벗어나 육지로 진출했다. 육지로 진출한 몸의 외부는 원시바닷물 대신 공기로 가득했다.

지구와 마찬가지로 모든 어머니들은 원시바닷물과 똑같은 양수를 몸 안에 창조하고, 그 속에서 하나의 세포를 진화시킨다. 하나의 세포는 양수 속에서 아홉 달 동안 분열에 분열을 거듭해 하나의 몸으로 진화한 후 공기 중으로 나온다.

공기 중에는 미네랄원소들이 존재하지 않는다. 그래서 몸은 미네랄원소들을 먹이와 물을 통해서 얻어야만 했고, 따라서 혈액의 미네랄밸런스를 유지하는 것은 쉽지 않게 되었다. 이제 몸은 미네랄원소들을 풍부하게 함유한 물과 먹이를 섭취하면 혈액의 미네랄밸런스를 유지할 수 있지만, 그렇지 않으면 혈액의 미네랄밸런스는 무너지게 되었다.

시간이 지남에 따라 육지의 미네랄원소 함유도는 떨어질 수밖에 없다. 왜냐하면 바다 속에 있던 육지가 대륙의 융기작용에 의해 처음으로 물 바깥으로 드러났을 때는 미네랄원소들이 풍부하지만, 시간이 지남에 따라 미네랄원소들은 빗물에 녹아 바다로 돌아가므로 육지의 미네랄원소들은 점차 사라지기 때문이다. 더욱이 지구산성화는 그런 과정을 촉진시킨다. 따라서 점차 육지로 진출한 몸은 충분한 미네랄원소들을 섭취하기 어려워졌다.

또한 몸의 모든 생명활동은 미네랄원소를 사용하고, 산성 물질을 생성한다. 따라서 육지로 진출한 몸은 생명활동이 진행됨에 따라 미네랄밸런스를 상실할 수밖에 없고, 혈액도 미네랄밸런스를 상실하고 산성화되었다.

세포는 산성화된 혈액 속에서는 계속적으로 생존할 수 없다. 왜냐하면 세포는 산성화된 혈액으로부터는 산소·미네랄원소·영양성분을 충분히 얻을 수 없기 때문이다. 따라서 육지로 진출한 몸은 점차 쇠약해지다가 결국 죽을 수밖에 없다.

이에 세포들 가운데 일부가 산성화된 환경에서 살아가는 미생물인 세균과 바이러스로 변형되었다. 그것은 몸이 산성화되면, 정상세포가 암세포로 변형되는 것과 같은 원리이다.

산성화는 미네랄밸런스가 무너지면서 발생하는 현상이다. 그런데 미네랄밸런스가 무너진 유형은 수없이 다양하다. 왜냐하면 미네랄원소들의 종류는 120여 가지 이상이기 때문이다. 단지 몇 가지 종류의 미네랄원소가 부족해도 미네랄밸런스는 무너지고, 수십 종의 미네랄원소들이 부족해도 미네랄밸런스는 무너진다. 따라서 미네랄밸런스가 무너져 산성화된 유형은 수없이 다양할 수밖에 없다.

산성화된 환경의 유형에 따라 그곳에서 탄생하고 진화한 세균과 바이러스의 종류는 달라진다. 그러므로 세균과 바이러스의 종류도 수없이 다양할 수밖에 없다. 그리고 모든 세균과 바이러스는 끊임없이 분화하며 진화하므로 더욱더 수많은 세균과 바이러스가 생겨나게 되었다.

특정한 유형의 산성화된 환경에서 탄생한 세균과 바이러스는, 그러한 유형의 산성화된 환경의 미네랄원소들의 비율에 따라 미네랄원소들을 수용하고, 그것들이 유기적으로 작동하게 하는 형태와 구조를 지니게 되었다.

이제 지구에는 미네랄밸런스가 이루어진 원시바닷물에서 태어나 그곳에서 진화한 세포·유익한 미생물들과 미네랄밸런스가 붕괴된 산성화된 환경에서 태어나 그곳에서 진화한 수많은 유형의 세균·바이러스들이 공존하며 순환하게 되었다.

세포와 유익한 미생물들은 약알칼리성 환경에서 살아가면서, 서로 하나로 통합되며 진화하는 것이 그 본연의 역할이다. 그에 반해 세균과 바이러스는 산성화된 환경에서 탄생하여, 산성화된 환경을 조성하며, 산성화된 먹이를 먹고 소화시키며 살아간다. 세균과 바이러스는 모든 것을 산성화시키고 분열시키는 것이 그 본연의 역할인 것이다.

모든 생명체는 자신이 처음 태어난 환경과 똑같은 환경에서는 활발하게 활동하면서 진화하지만, 다른 환경에서는 힘을 쓰지 못하고 약해지다가 사멸한다.

세포와 유익한 미생물은 미네랄밸런스가 이루어진 원시바닷물과 혈액 속에서 태어나고 진화한 생명체들이다. 그러므로 세포와 유익한 미생물은 미네랄밸런스가 이루어진 물과 혈액 속에서는 활발하게 활동하지만, 미네랄밸런스가 붕괴되어 산성화된 환경에서는 힘을 쓰지 못하고 약해지다가 사멸하게 된다.

반대로 각종 세균과 바이러스는 다양한 산성화된 환경 중 한 가지 유형의 산성화된 환경에서 태어나고 진화한 생명체들이다. 따라서 모든 세균과 바이러스는 자신이 태어나고 진화한 산성화된 환경과 동일한 유형의 산성화된 환경에서는 활발하게 활동하지만 미네랄밸런스가 이루어진 물이나 혈액 또는 다른 유형의 산성화된 환경에서는 힘을 쓰지 못하고 약해지다가 사멸하게 된다.

그러므로 특정한 세균과 바이러스를 제거하는 두 가지 방법이 있을 수 있다. 첫 번째 방법은 미네랄밸런스가 이루어진 물 또는 혈액으로 모든 세균과 바이러스를 한꺼번에 제거하는 것이고, 두 번째 방법은 특정한 세균과 바이러스가 태어나고 진화한 환경과 다른 유형의 산성화된 환경을 조성함으로써 특정한 세균과 바이러스만을 제거하는 방법이 그것이다.

두 번째 방법으로 특정한 세균과 바이러스를 제거하는 것은 어리석다. 왜냐하면 또 다른 유형의 산성화된 환경은 특정한 세균과 바이러스는 제거할 수 있지만, 세포와 유익한 미생물들은 약해지게 하고, 그런 환경을 좋아하는 다른 세균과 바이러스를 번성하게 하기 때문이다.

그러므로 모든 세균과 바이러스는 원시바닷물과 똑같은 비율로 미네랄밸런스가 이루어진 물과 혈액으로 한꺼번에 제거하는 것이 가장 현명한 방법이다. 왜냐하면 미네랄밸런스가 이루어진 물과 혈액 속에서 모든 세포와 유익한 미생물은 제 기능을 완벽하게 발휘하지만, 모든 세균과 바이러스는 힘을 쓰지 못하고 약해지다가 사멸하기 때문이다.

미네랄밸런스가 이루어진 물과 혈액 속에서 세포와 유익한 미생물은 제 기능을 발휘하고, 모든 세균과 바이러스는 약해지다가 사멸하는 이유는 확산과 삼투압의 원리가 적용되기 때문인 것으로 보인다. 확산은 물질이 고농도에서 저농도로 이동하여 균형을 유지하는 현상이고, 삼투압은 물이 저농도에서 고농도로 이동하여 균형을 유지하는 현상이다.

확산과 삼투압의 원리에 따라 미네랄밸런스가 이루어진 물속에서, 미네랄원소들은 농도가 높은 물에서 농도가 낮은 세포·유익한 미생물·세균·바이러스의 내부로 이동하려는 압력을 받게 되고, 물은 반대방향으로 이동하려는 압력을 받게 된다.

미네랄밸런스가 이루어진 원시바닷물에서 탄생한 세포·유익한 미생물은, 미네랄밸런스의 비율에 따라 모든 미네랄원소들을 수용하고 그것들이 하나로 작동하는 형태와 구조를 지니고 있다. 따라서 세포·유익한 미생물은 미네랄밸런스가 이루어진 원소들을 그 내부로 받아들임으로써 본래의 형태를 회복하고 그 기능을 완벽하게 발휘하게 된다.

하지만 특정한 유형의 산성화된 환경에서 탄생한 세균과 바이러스는 그러한 환경을 조성한 비율의 미네랄원소들만을 수용하고 그것들이 유기적으로 작동하는 형태와 구조를 지니고 있다. 그러므로 세균·바이러스는 미네랄밸런스를 이루고 있는 원소들이 그 내부로 들어오거나, 그 내부의 물이 외부로 유출되면 그 형태가 붕괴되면서 사멸하게 된다. 따라서 세균·바이러스를 감싸고 있는 막은 미네랄원소들과 물의 이동을 차단한다. 하지만 100여 가지 이상의 미네랄원소들이 가하는 외부적인 압력과 물이 가하는 내부적인 압력에 의해 그 막은 찢어지며 파괴되고, 세균·바이러스는 사멸하게 된다.

따라서 원시바닷물과 똑같은 비율로 미네랄밸런스가 이루어진 물과 혈액을 만들어내면, 세포와 유익한 미생물은 본래의 형태와 기능을 발휘하게 하고, 모든 세균과 바이러스는 제거할 수 있게 된다.

미네랄원소들의 결정체

식품에는 모든 종류의 미네랄원소들이 포함되어 있다. 따라서 미네랄원소들을 충분히 함유하고 있는 식품을 충분히 골고루 섭취하면 혈액의 미네랄밸런스를 유지할 수 있다.

그래서 의성 히포크라테스(Hippocrates)는 "음식으로 못 고치는 병은 약으로도 못 고친다"고 했다.

이 말은 '약으로 못 고치는 병을 음식으로는 고칠 수 있다'는 의미다. 또한 '약으로는 무너진 미네랄밸런스를 회복할 수 없지만, 식품으로는 가능하다'는 뜻이기도 하다. 그러므로 자연에서 생산된 식품들을 미네랄밸런스의 비율에 맞게 골고루 섭취하면 모든 질병을 극복할 수 있다.

그러나 아직도 완벽한 미네랄밸런스의 비율은 알려지지 않았다. 설사 그 비율이 알려진다고 해도 한 가지 식품은 단지 몇 가지 종류의 미네랄원소들만 함유할 뿐이다.

더욱이 지구산성화로 인해 식품의 미네랄원소 함유도는 시간이 갈수록 떨어지고 있다. 20년 전의 시금치와 지금의 시금치의 미네랄원소 함유도가 20배 이상 차이가 난다는 연구 결과가 있을 정도다.

따라서 음식을 통해 120여 가지 이상의 미네랄원소들을 미네랄밸런스의 비율에 맞게 섭취하려면, 매일 백여 종류 이상의 식품들을 엄청나게 많이 먹어야만 한다. 그러므로 단순히 음식을 골고루 섭취하는 것만으로 미네랄밸런스를 회복하고 유지하는 것은 어렵게 되었다.

하지만 현대과학은 모든 분야에 걸쳐 많은 지식을 축적하고 있다. 이런 지식들을 충분히 활용하면, 완벽한 미네랄밸런스의 비율을 찾아내고, 그 비율에 맞게 식품에서 미네랄원소들을 추출하여 '미네랄원소들의 결정체'를 만들 수 있다.

그렇게 만들어진 미네랄원소들의 결정체를 섭취하는 것은, 백여 종류 이상의 식품들을 미네랄밸런스의 비율에 맞게 골고루 섭취하는 것과 같은 효과를 나타내게 된다.

따라서 미네랄원소들의 결정체를 섭취하면, 혈액의 미네랄밸런스가 회복되면서 질병의 뿌리를 자르게 된다.

질병의 뿌리를 잘라버리는 미네랄원소들의 결정체는 다음과 같은 특징을 지닐 것이다.

첫째, 미네랄원소들의 결정체는 물에 녹을 것이다. 왜냐하면 모든 미네랄원소들은 물에 녹아 이온형태로 존재하기 때문이다. 따라서 미네랄원소들의 결정체를 물에 희석하면, 그 물은 원시바닷물과 똑같은 물이 될 것이다.

따라서 그 물속에서는 원시바닷물에서 태어나고 진화한 유익한 미생물과 세포들은 본래의 형태를 회복하고 그 기능을 완벽하게 발휘하지만, 산성화된 환경에서 진화한 세균과 바이러스는 찌그러지면서 약해지다가 사멸할 것이다.

그러므로 그 물을 마시면, 입안과 식도 및 위장을 구성하는 세포들과 그 부분에 서식하는 유익한 미생물들은 본래의 형태를 회복하고, 그 기능을 완벽하게 발휘할 것이다. 왜냐하면 그 부분의 세포와 유익한 미생물들은 미네랄밸런스가 이루어진 물과 직접 접촉하기 때문이다. 따라서 속은 편안해지고 대변은 황금색으로 변하면서 몸의 소화기능은 획기적으로 향상될 것이다.

또한 그 물을 마시면, 그 물이 직접 닿는 입안과 식도 및 위장에 서식하는 세균과 바이러스는 약해지며 사멸할 것이다. 왜냐하면 그 부분에 서식하는 세균과 바이러스는 미네랄밸런스가 이루어진 물과 직접 접촉하기 때문이다. 따라서 입안과 식도, 위장에 서식하는 충치균, 풍치균, 백태균을 비롯한 모든 세균과 헤르페스바이러스, 헬리코박터바이러스를 비롯한 모든 바이러스는 저절로 사라질 것이다.

마찬가지로 그 물을 상처에 바르면 상처는 빠르게 아물 것이다. 왜냐하면 세포와 유익한 미생물은 본래의 형태를 회복하고 제 기능을 발휘하지만, 세균과 바이러스는 제거되기 때문이다. 따라서 과산화수소로 상처를 소독함으로써 세균뿐 아니라 주변의 세포들까지 사멸시킬 이유가 없어질 것이다. 또한 아토피·무좀 등 피부에서 서식하는 모든 세균과 바이러스도 약해지다가 사멸하므로 각종 피부병을 치료하게 될 것이다.

그러므로 미네랄원소들의 결정체로 화장품을 만들어 사용하면 피부를 구성하는 세포들이 건강해질 것이고, 행주와 도마 등의 주방용품 살균제로 사용하면 유해한 세균과 바이러스만 제거하므로 위생적으로 주방용품을 소독할 것이며, 가습기살균제로 사용하면 공간을 정화하고 호흡기를 건강하게 할 것이다.

또한 미네랄원소들의 결정체를 식물이나 가축에게 먹이면, 그 식물과 가축은 질병 없이 튼튼하게 성장할 것이다. 왜냐하면 식물이나 가축을 구성하는 세포들도 원시바닷물에서 태어나고 진화한 생명체들이기 때문이다.

둘째, 미네랄원소들의 결정체가 혈관으로 들어가면, 혈액은 미네랄밸런스를 신속하게 회복할 것이다. 따라서 미네랄원소들의 결정체를 희석한 물을 마시거나, 미네랄원소들의 결정체로 제조한 링거액을 혈관에 주사하면, 혈액은 한순간에 미네랄밸런스를 회복할 것이다.

미네랄밸런스를 회복한 혈액은 산소포화도가 높고 맑으며 유속이 빠르므로 혈전을 생성하지 않는 것은 물론, 기존의 혈전을 녹여 몸 바깥으로 배출시킬 것이다. 왜냐하면 혈전은 산성이고, 미네랄밸런스가 이루어진 혈액은 약알칼리성이기 때문이다.

그러므로 질병의 이름이나 발생한 부위와는 상관없이 혈액의 산성화에서 비롯된 모든 염증과 질병은 한꺼번에 치유될 것이다. 암, 당뇨, 고혈압, 통풍, 하지정맥류, 비문증, 우울증, 뇌졸중, 뇌수막염, 관절염, 간경화, 신부전증 등등 이름을 가진 질병들과 아직 원인조차 밝혀지지 않은 이름 없는 수많은 질병들까지도 모두 한꺼번에 치유되는 것이다.

미네랄밸런스를 회복한 혈액과 접촉한 세포와 유익한 미생물은 본래의 형태와 기능을 회복하지만, 세균과 바이러스는 사멸하게 될 것이다.

특히 본래의 형태와 기능을 회복한 면역세포는 몸 안으로 침입한 모든 세균과 바이러스를 신속히 제거할 것이다. 면역세포는 새로운 종류의 세균이나 바이러스가 몸 안으로 침입해도 짧은 시간 안에 그것들을 제거할 수단을 자체적으로 찾아내는 시스템까지도 보유하고 있으므로, 미네랄밸런스를 회복한 면역세포는 무적의 존재가 되어 모든 세균과 바이러스를 제거할 것이다.

따라서 미네랄밸런스를 회복한 혈액과 면역세포는 에이즈(HIV) 바이러스, 메르스(MERS) 바이러스, 인플루엔저 바이러스, 대상포진

바이러스, 헤르페스바이러스, 에볼라(Ebola) 바이러스, 지카(Zika) 바이러스, 감기 바이러스, 각종 간염 바이러스 등 모든 종류의 바이러스는 물론, 장티푸스균, 콜레라균, 살모넬라균, 헬리코박터균, 매독균, 결핵균 등 모든 종류의 세균을 몸 안에서 제거할 것이다.

그러므로 감기, 천식, 비염, 치매, 중이염, 안질, 아토피, 무좀, 충치, 풍치, 백태, 위염, 장염, 간염 등등 세균과 바이러스로 인한 모든 질병은 한순간에 사라질 것이다.

셋째, 미네랄원소들의 결정체는 몸의 힘을 강하게 할 것이다. 왜냐하면 미네랄원소들이 세포 안으로 들어가면 전체 세포들은 미네랄원소를 매개로 일체화되기 때문이다.

몸처럼 세포들도 서로 말을 주고받는다. 세포들은 미네랄원소로 말하고 듣는다. 세포는 '배고프다, 목마르다, 숨차다, 힘이 없다'라는 등등의 말을 그에 맞는 미네랄원소를 내보내고 받아들이는 방식으로 말하고 듣는 것이다.

또한 세포들은 미네랄원소들을 통해 하나로 연결된다. 세포들은 미네랄원소들을 매개로 서로의 손을 잡고 하나로 연결되는 것이다, 따라서 세포들은 모든 미네랄원소를 충분히 보유하고 있으면 서로 의사소통을 하면서 하나로 연결되어져 유기적 일체로 작동하게 된다.

그러므로 미네랄원소들의 결정체가 혈액을 통해 모든 세포들에게 도달하면, 모든 세포들은 미네랄원소들을 매개로 의사소통을 하면서 하나로 연결되므로 몸은 힘이 강해지고 균형감각과 운동 능력이 획기적으로 향상되게 된다.

넷째, 미네랄원소들의 결정체는 인류에게 불로장생(不老長生)을 선물할 것이다. 왜냐하면 몸의 젊음은 세포들의 젊음의 총합이고, 늙음은 세포들의 늙음의 총합인데, 미네랄원소들의 결정체를 섭취한 몸은 언제나 젊고 건강한 세포들로만 구성되기 때문이다.

세포의 수명은 평균적으로 50일 정도이다. 늙음은 찌그러져 기능이 떨어진 세포들의 숫자가 증가하거나, 찌그러져 가사상태에 빠져 기능을 상실한 채 50일 이상 생존하는 세포들의 숫자가 증가하면서 발생하는 현상이다. 찌그러지거나 가사상태에 빠진 세포들의 숫자가 증가하면, 몸은 힘이 떨어지고 주름이 생기며 피부에 반점이 생기거나 색깔이 변하는 등의 현상이 나타나는데 그것이 늙음인 것이다.

세포가 찌그러지거나 가사상태에 빠지는 것은 혈액이 산성화되었기 때문이고, 혈액이 산성화되는 것은 몸이 미네랄밸런스를 상실했기 때문이다.

몸이 미네랄밸런스를 상실하는 것은 몸에서 미네랄원소들이 빠져나갔기 때문이다. 결국 늙음은 몸이 미네랄원소들을 잃음으로써 비롯되는 것이다.

그러나 미네랄원소들의 결정체를 계속적으로 섭취하면, 몸은 언제나 미네랄밸런스를 유지하게 된다. 따라서 세포들은 본래의 형태와 기능을 유지하다가, 세포분열을 통해 똑같은 세포를 만들어 낸 후 50일 후에 죽고, 그러한 과정은 끝없이 이어지므로 몸은 언제나 50일 이내의 젊고 건강한 세포들로만 구성될 수밖에 없다. 따라서 언제나 젊고 건강한 세포들로만 이루어진 몸에는 늙음이라는 현상이 나타날 수 없고, 오히려 늙어가던 몸은 시간이 지날수록 힘이 강해지고, 피부에 탄력이 생기고 윤기가 나면서 젊어지게 된다.

그러므로 인류의 수명은 수십 년 이상 증가하게 된다. 질병도 없고 늙음도 없이 살아가는 인간의 수명은 획기적으로 늘어날 수밖에 없는 것이다.

인간의 육체는 염색체 끝부분의 텔로미어가 닳지 않고 존재하는 한 언제나 젊고 건강한 상태를 유지하게 될 것이다. 따라서 인간은 죽는 날까지 인간으로서의 존엄을 유지하게 된다. 죽는 날까지 자신의 다리로 걸어서 산책하고, 자신의 손으로 밥을 먹고, 자신의 의지대로 몸을 움직이다가 조용히 숨을 거두는 것이다.

이렇게 미네랄원소들의 결정체는 혈액의 미네랄밸런스를 회복시켜 세포의 중심을 깊어지게 함으로써, 질병과 늙음의 고통으로부터 인류를 구하게 될 것이다.

하지만 미네랄원소들의 결정체를 통해 혈액의 미네랄밸런스가 회복되더라도 이미 혈관이 막혀 있어 혈액이 세포에 도달하지 못하면 큰 효과를 거두기는 어렵다. 따라서 막혀 있는 혈관을 뚫고 혈액이 세포들에게 도달하게 하는 방법을 찾아야 한다.

막힌 혈관을 뚫어내는 방법

모든 세포는 오직 모세혈관으로부터만 혈액을 공급받는다. 하지만 모세혈관의 직경은 머리카락 굵기의 1/10에 불과할 정도로 가늘고, 그 길이의 총합은 지구의 두 바퀴 반에 달할 정도로 길며, 하나의 모세혈관의 길이는 평균 30cm에 달하므로, 모세혈관은 혈전에 의해 쉽게 막히게 된다.

대부분의 질병은 모세혈관이 막혀 세포가 혈액을 공급받지 못함으로 인해 발생한다. 모세혈관이 막힌 부분이 간이면 간세포들이 찌그러지면서 지방간·간염·간경화·간암 등이 발생하고, 신장이면 신장세포들이 찌그러지면서 신장염·신부전증·신장암 등이 발생하며, 전립선이면 전립선비대증·전립선암이 발생하는 것이다. 따라서 막힌 모세혈관을 뚫어주지 않으면, 질병으로부터 자유로울 수 없게 된다.

동양의 수련자들은 오래전부터 심기혈정(心氣血精)의 원리로 막힌 모세혈관을 뚫어내고 있다. 심기혈정의 원리는 마음(心)이 머무는 곳에 기(氣)가 흐르고, 기가 흐르는 곳으로 피(血)가 따라 흐르며, 피가 흐르는 부분의 신체조직은 건강(精)해진다는 원리다.

따라서 모세혈관이 막혀 몸이 경직된 부분에 의식(心)을 집중하면, 그곳으로 기가 흐르고, 기를 따라 혈액이 흐르므로 막힌 모세혈관을 뚫어낼 수 있다. 하지만 일반인들이 심기혈정의 원리를 사용하기는 쉽지 않다.

자기장은 기의 한 가지 형태다. 따라서 자기장이 흐르면 피도 따라 흐르고, 그 속도도 빨라진다. 또한 자기장은 모세혈관이 막혀 있는 부분도 뚫고 지나가므로 혈액도 자기장을 따라 막힌 모세혈관을 뚫고 흐르게 되고, 따라서 막힌 모세혈관은 뚫리게 된다.

따라서 강력한 자기장발생장치를 이용하여 자기장이 몸을 통과하여 흐르게 하면, 혈액도 자기장을 따라 흐르면서 막힌 모세혈관을 뚫어내게 된다.

만일 간의 모세혈관이 막혀 간 기능이 저하되어 있다면 간이 위치한 오른쪽 갈비뼈 아랫부분에서, 신장의 모세혈관이 막혀 신장 기능이 저하되어 있다면 신장이 위치한 등의 양쪽 갈비뼈 아랫부분에서 자기장을 발생시켜 몸을 통과시키면, 간과 신장으로 혈액이 흐르면서 모세혈관은 뚫리게 되고, 따라서 간과 신장의 질병은 치유된다.

이렇게 자기장발생장치를 활용하면, 막힌 모세혈관을 뚫고 모든 세포에 혈액을 공급함으로써 몸을 건강하게 만들 수 있다.

서양의학의 문제점

현재 지구촌의 의학계는 서양의학이 지배하고 있다. 하지만 서양의학은 세포의 중심을 강화하기보다는 오히려 약화시키고 있다. 따라서 서양의학은 몸을 허약하게 만듦으로써 사람들을 평생 병원에 의존한 삶을 살아가도록 강요하고 있다.

서양의학은 각각의 세균과 바이러스가 태어나고 진화한 환경과 다른 유형의 산성화된 환경을 조성함으로써 세균과 바이러스를 제거하려 한다. 그 결과 서양의학은 수많은 항생제와 항바이러스제를 만들어냈다.

그러나 세균과 바이러스의 종류는 이 세상에 존재하는 동·식물과 곤충의 종류를 합친 것보다 더 많고, 지금 이 순간에도 새로운 종류가 계속해서 생겨나고 있다. 실제로 지금까지 파악하고 있는 세균의 종류보다 아직까지 그 존재 자체도 모르는 세균의 종류가 훨씬 더 많다.

또한 세균보다 수천 내지 수만 분의 일 정도의 크기인 바이러스는 너무도 미세해서 고배율의 전자현미경으로도 관찰하기 어려워 지금까지 바이러스의 종류나 생존방식조차 제대로 파악하지 못하고 있다. 따라서 질병 하나하나마다 거기에 맞는 항생제와 항바이러스제를 개발하는 것은 불가능하다.

더욱이 세균과 바이러스는 기존의 항생제와 항바이러스제에 적응하여 쉽게 다른 종류의 세균과 바이러스로 진화하여 내성을 가진다. 하지만 내성을 지닌 세균과 바이러스를 섬멸하는 새로운 항생제와 항바이러스제를 개발하는 것은 현실적·기술적·경제적으로 불가능하다.

그래서 서양의학은 점점 더 강력한 독성을 지닌 석유화학물질로 만든 항생제와 항바이러스제로 비슷한 성격의 세균과 바이러스를 한꺼번에 몰살시키려 한다. 그러나 그런 화학물질들은 문제된 세균과 바이러스 이외에도 세포들과 유익한 미생물들까지 함께 몰살시키고 또 다른 질병을 불러온다. 왜냐하면 항생제와 항바이러스제는 산성물질이므로 또 다른 유형의 산성화된 환경을 초래하기 때문이다.

더욱이 항바이러스제는 실제로 바이러스를 죽이지도 못한다. 왜냐하면 바이러스는 세포와 미생물의 내부에서 기생하기 때문이다. 따라서 항바이러스제가 바이러스를 죽이려면 세포 내부로 들어가야 하는데, 항바이러스제가 세포 내부로 들어가면 세포가 먼저 죽는다. 그러므로 바이러스를 섬멸하는 항바이러스제는 있을 수 없다. 그래서 '감기약을 먹으면 일주일 만에 낫지만, 그대로 두면 7일이 지나야 낫는다'는 웃지 못할 이야기까지 나온 것이다. 이는 바이러스의 속성상 시간이 지남에 따라 저절로 사라지는 것이 현존하는 유일한 바이러스에 대한 치료법이라는 뜻이다.

그렇지만 서양의사들은 질병이 발생하기만 하면 항생제와 항바이러스제를 투여한다. 그들도 항생제와 항바이러스제가 몸의 면역력을 치명적으로 손상시키고, 치료 효과는 믿을 수 없다는 것을 잘 안다. 하지만 질병에 대처할 다른 방법은 모르고, 그렇다고 의사로서 가만히 있을 수도 없기에 그들은 기계적 또는 상업적(?)으로 기존의 항생제와 항바이러스제를 소화제, 진통제와 함께 계속적으로 투여한다. 결국 환자는 세균과 바이러스 때문에 사망하는 것이 아니라, 독한 항생제, 항바이러스제, 소화제, 진통제로 인해 몸의 면역력이 모두 고갈되면서 사망하게 된다.

그냥 혈액의 미네랄밸런스만 회복하면 된다. 미네랄밸런스를 회복한 혈액은 원시바닷물과 똑같아지므로 세균과 바이러스는 힘을 쓰지 못하게 되고, 백혈구를 비롯한 세포와 유익한 미생물은 활발하게 활동하므로, 모든 세균과 바이러스는 한순간에 사라지게 된다.

고혈압은 혈액이 미네랄밸런스를 상실하고, 산성화됨으로써 발생하는 대표적인 질병이다. 산성화된 혈액은 산소포화도가 낮고 끈적이므로 유속이 떨어져 세포에 충분한 산소를 공급할 수 없다. 따라서 숨 막힌 세포들은 뇌에 더 많은 산소를 보내 달라는 신호를 보내게 되고, 뇌는 심장에 더 강하고 빨리 박동하라는 지시를 내리게 된다. 그에 따라 심장은 강하고 빨리 박동하게 되는데, 그것이 고혈압이라는 증상이다. 그러므로 고혈압을 치료하려면 혈액의 산성화부터 치유해야 한다.

그러나 서양의학은 고혈압을 혈액의 점도가 높고, 혈관 속에 혈전이 쌓여 혈관의 직경이 줄어듦으로써 정상인에 비해 심장이 빠르게 뛰는 증상으로만 본다. 그래서 혈전용해제로 혈전을 녹여 혈액을 묽게 하고, 신경안정제로 심장이 약하고 천천히 뛰게 하는 방식으로 고혈압을 치료한다.

하지만 혈전용해제는 혈전뿐만 아니라 혈액 속의 단백질과 지방 등의 영양성분과 혈소판과 혈관마저도 용해시킨다. 따라서 혈전용해제를 복용하면 몸은 영양부족에 시달리게 되고, 혈소판이 부족하여 지혈이 되지 않으며, 혈관을 약화시켜 각종 혈관성 질환을 유발하고, 간과 신장에 부담을 주어 혈액을 더욱더 산성화시킨다. 또한 신경안정제는 신경계통을 무뎌지게 하고, 간과 신장에 부담을 주어 역시 혈액을 산성화시킨다. 따라서 혈전용해제와 신경안정제를 복용하면 할수록 혈액은 산성화되므로 고혈압은 더욱더 심해질 수밖에 없다.

이렇게 계속적으로 혈전용해제와 신경안정제를 복용하면 혈액은 더욱더 산성화되고, 간과 신장의 기능은 더욱더 떨어진다. 따라서 혈압은 더욱더 높아지고 당뇨 등 각종 질병은 부수적으로 발생할 수밖에 없다. 그런데 서양의사들은 혈압이 140만 되어도 고혈압으로 진단하여 고혈압 약을 복용시켜 더 많은 고혈압환자들을 양산하고 있다.

그냥 혈액의 미네랄밸런스를 회복시키면 된다. 혈액이 미네랄밸런스를 회복하면, 혈액의 산성화는 한순간에 치유되고 혈전은 녹아내리며 혈액의 산소포화도는 높아지고 혈액의 유속은 빨라지므로, 고혈압은 근원적으로 치유된다.

증상만을 바라보는 서양의학의 시각은 암 치료에서도 동일하게 반복된다. 건강한 사람의 몸에도 하루 평균 5천 개 정도의 암세포가 생기지만, 그렇게 생겨나는 암세포들은 면역세포에 의해 모두 제거되기 때문에 암은 발생하지 않는다. 그러나 몸의 면역력이 떨어지면서 면역세포에 의해 제거되는 암세포보다 새롭게 생겨나는 암세포가 더 많아지면서 암은 발생한다고 서양의학은 말한다.

이렇게 서양의학은 면역력의 저하가 암 발생의 원인이라고 한다. 그렇다면 세포의 면역력을 강화하는 방식으로 암에 대처했어야 한다. 그러나 서양의학은 반대로 한다.

서양의학은 암환자가 등장하면, 먼저 남은 생존기간이 3개월이니 6개월이니 하면서 의사의 말을 듣지 않으면 당장 죽는다고 환자와 그 가족을 겁박한다. 그리고 겁먹은 환자가 수술에 동의하면 일단 암이 발생한 부위를 최대한 넓게 절개하여 제거하거나, 방사선을 쬐어 그 부분을 태워버린다. 그리고 혈액을 따라 떠돌아다니는 암세포들을 제거하기 위해 독한 항암제를 몇 년간 계속적으로 몸속에 집어넣는다. 그 과정에서 암세포도 죽지만 훨씬 더 많은 정상세포들이 죽거나 찌그러지므로 면역력은 극도로 저하된다. 서양의학은 면역력이 떨어져 암이 발생한 환자의 면역력을 더욱더 떨어뜨리는 방식으로 치료하는 것이다.

항암치료를 받는 중에도 하루에 5천 개 이상의 새로운 암세포가 발생하는 것에는 변함이 없다. 따라서 면역력이 고갈된 환자는 항암치료를 받는 동안 기존의 암세포들과 새롭게 생겨나는 암세포들을 모두 항암제로 제거해야 한다.

모든 화학물질은 세포를 찌그러뜨려 세포의 면역력을 비롯한 모든 기능을 떨어뜨림으로써 정상세포를 암세포로 변이시키는 발암물질이다. 그러므로 화학물질 가운데 하나인 항암제 또한 발암물질일 수밖에 없다. 따라서 발암물질인 항암제를 몸 안에 집어넣으면 더 많은 암세포가 생겨나게 된다. 그런데 서양의학은 그런 항암제로 암세포를 제거하고 있는 것이다. 이는 정말 기이한 현상으로 어리석음의 극치를 보여주고 있다.

이런 상황에서 혈액과 세포가 미네랄밸런스를 회복하고, 면역력을 되찾는 것은 불가능하다. 그래서 대부분의 환자들은 그 과정을 버티지 못하고 사망하거나, 설사 살아남아도 면역력은 다시 회복할 수 없을 정도로 파괴되어 남은 삶을 살얼음판을 걷듯이 조심 조심 살아야만 한다.

그냥 혈액의 미네랄밸런스만 회복시키면 된다. 미네랄밸런스를 회복한 혈액은 원시바닷물과 똑같아지므로 정상세포는 암세포로 변이되지 않고, 기존의 암세포는 힘을 쓰지 못하고 약해지며, 백혈구를 비롯한 세포와 유익한 미생물은 활발하게 활동하여 암세포를 제거하므로 암은 빠르게 사라지게 된다.

자신이 담당하는 분야에서 나타나는 증상만을 사라지게 하는 것이 의학의 모든 것이라는 서양의학의 견해는 인간의 정신을 다루는 분야에도 그대로 적용되고 있다. 정신과 전문의들은 환자의 정신적인 증상이 더 이상 외부에 보이지 않도록 하는 것이 정신병 치료의 모든 것이라고 생각한다. 그래서 그들은 환자의 뇌신경을 억제하는 항경련제, 신경안정제 등을 환자에게 투여하여 증상이 외부로 나타나지 않도록 한다.

하지만 그런 약물들은 뇌의 해당 부위뿐만 아니라 전체 뇌세포들과 신경세포들의 활동을 억제하고, 혈액을 산성화시키므로 몸 전체의 세포들을 찌그러지게 한다. 따라서 그런 약물을 계속적으로 복용한 환자는 우둔해지고 멍청해지는 동시에 면역력이 떨어져 각종 질병에 시달리면서 정상적인 사회생활을 하지 못하고 한평생을 어둠 속에서 살아가게 된다. 그럼에도 정신과 전문의들은 자신들의 치료가 효과적이었다고 자평한다.

사람에게 정신 또는 마음이 있다면 그 또한 세포로부터 나올 수밖에 없다. 수많은 세포들의 생각의 총합이 나의 생각이고, 수많은 세포들의 정신의 총합이 나의 정신일 수밖에 없는 것이다. 그렇다면 정신의 문제는 곧 뇌세포의 문제이고, 뇌세포의 문제는 혈액이 미네랄밸런스를 회복되고, 모든 뇌세포들에게 충분한 산소·미네랄원소·영양물질을 공급하면 저절로 해결되는 문제이다.

정신병은 뇌세포들의 의사소통이 원활하지 않을 때 나타나는 증상이다. 뇌세포들이 죽거나 가사상태에 빠지면 서로 의사소통을 할 수 없으므로 정신병 증상이 나타나게 된다. 또한 뇌세포들이 정상적으로 활동할 수 있어도, 보유하고 있는 미네랄원소가 부족하여 의사표현을 할 수 없어도 정신병 증상은 나타나게 된다.

임신중우울증과 출산후우울증이라는 정신병이 있다. 여성이 임신하면 양수를 만들어내고 태아를 키우기 위해 많은 양의 미네랄원소를 필요로 하고, 출산 시 양수가 터지면 한꺼번에 대량의 미네랄원소를 잃게 된다. 따라서 산모의 몸은 쉽게 미네랄원소들을 잃게 되고, 뇌세포들은 미네랄원소가 부족하여 의사소통을 할 수 없게 되는데, 그것이 임신중우울증과 출산후우울증이라는 정신적인 증상이다. 마찬가지로 여성의 몸이 임신 전에 미네랄밸런스가 무너지면, 산모가 양수를 만들어낼 수 없으므로 불임증이라는 증상이 발생하게 된다.

따라서 미네랄밸런스만 회복되면 대부분의 임신중우울증과 출산후우울증 그리고 불임증까지 사라지게 된다. 그런데 서양의학은 이런 증상들을 정말 복잡하고 어려운 방식으로 치료하여 여성들을 힘들게 하고 태아를 약하게 만든다.

그 외의 우울증, 불면증, 공황장애, 파킨슨병, 알츠하이머, 치매, 두통이라는 거의 모든 정신적인 질병들도 대부분 같은 원리로 나타나거나, 뇌세포 자체가 약해지며 찌그러져 바이러스 등에 감염되어 나타나는 증상들이다. 그런데 서양의학은 증상만을 치료하는 화학물질을 몸 안으로 투입함으로써 지금도 수많은 환자들을 절망의 구렁텅이로 밀어 넣고 있다.

그냥 혈액의 미네랄밸런스를 회복시키면 된다. 미네랄밸런스를 회복한 혈액은 모든 뇌세포들을 정상적으로 작동하게 하므로 대부분의 정신병은 처음부터 발병할 수 없거나 즉시 사라지게 될 것이다.

서양의학의 탁월성은 외과분야에 있다. 자동차사고로 뼈가 부러지고 힘줄과 근육이 찢어졌을 때 취해지는 서양의학의 외과수술은 그 어떤 의술보다 뛰어나다.

하지만 지금은 외과수술마저도 증상만을 치료하는 수단으로 변질됨으로써 인류의 건강을 해치고 있다. 이제 서양의학은 장기에 미세한 암세포만 생겨도 해당 장기를 제거하고, 당뇨병의 후유증으로 발에 괴사가 일어나면 다리를 잘라버리며, 잇몸이 약해져 이가 흔들리면 모든 이를 뽑고 임플란트 시술을 하는 방식으로 외과수술을 남용하고 있다.

따라서 서양의학에 의해 치료를 받으면 그 사람은 장애인이 될 수밖에 없다. 한번 장기를 제거하면 다시 장기가 생기지 않고, 다리를 자르면 다시 다리가 자라지 않으며, 성인이 되어 이를 뽑으면 다시 이가 날 수 없기 때문이다.

이런 질병들은 혈액의 미네랄밸런스를 회복시켜, 세포가 다시 대칭형으로 활짝 펼쳐지고, 세포핵이 세포의 중심에 자리 잡으면 저절로 해결되는데, 서양의학은 막대한 비용을 받고 사람들을 장애인으로 만들고 있는 것이다.

서양의학은 완전히 실패했다. 질병과의 전쟁에서 철저하게 패배한 것이다. 그것은 서양의학이 질병의 원인부터 잘못짚었기 때문에 빚어진 필연적인 결과다. 서양의학이 질병의 원인을 잘못짚게 된 원인은 지식에 빠졌기 때문이다.

지식에 빠진 서양의학은 인간의 몸을 지식의 대상으로만 보고, 지식의 영역에 따라 조각조각 나누었다. 종합병원의 수많은 진료과목은 몸을 분리시킨 결과물이다. 실제로 서양의학에 의해 몸은 그보다 훨씬 더 많은 분야로 분리되었고 그렇게 분리된 분야들은 서로 사용하는 용어조차 달라 의사소통도 되지 않는다. 이런 추세로 계속 분리된다면 조만간 왼쪽 눈과 오른쪽 눈의 전문분야도 달라질 것이다.

그리고 서양의사들은 그중 한 분야만 공부하여 그 지식으로 평생을 먹고 산다. 그들은 자신들이 맡은 분야를 철옹성처럼 지키고, 자신들과 다른 견해는 이단으로 철저히 배척한다. 그들은 자신이 담당하는 분야에서 발생한 질병의 증상만 없애면 성공적인 치료라고 배우고, 자신의 치료행위로 인해 몸의 다른 부분에서 질병이 발생해도 그것은 자신과는 상관없는 일이므로 환자를 그 분야의 전문가에게 보내 치료받게 하면 자신의 책임을 다했다고 생각한다.

분리된 몸을 다루는 서양의사들은 몸을 기계로 대하게 되었고, 그들에게서 사랑과 자비(慈悲)는 사라지게 되었다. 왜냐하면 분리된 몸은 기계와 다를 바 없고, 사랑과 자비는 분리된 관계에서는 존재하지 않기 때문이다. 이제 그들은 과학자이기를 포기했고, 몸의 일부분만을 다루는 기술자로 전락했다. 몸기술자인 그들은 자신의 전문분야에 갇혀 환자를 기계로 보고, 실험의 대상이자 돈벌이의 수단으로 대하면서, 제약회사의 외판원 노릇에 만족하고 있는 것이다. 그런 서양의학이 분리된 몸에서 발생하는 모든 질병의 원인을 찾고 그것을 극복하는 방안까지 알아내는 것은 처음부터 불가능한 일이었다.

물론 모든 서양의사들이 그렇다는 것은 아니다. 그중에는 의사로서의 양심을 지키고, 환자를 사랑으로 대하면서, 폭넓은 시각으로 질병의 원인을 탐구하는 의사들도 적지 않다. 하지만 대부분의 서양의사들은 이런 틀에 빠져 있고, 거기서 벗어날 생각조차 하지 않는 것 같다.

서양의학은 세포의 중심을 결정적으로 약화시키고 있다. 따라서 서양의학으로 한 가지 질병을 치료받으면, 99가지의 새로운 질병을 얻게 된다.

그러므로 지금의 서양의학은 몸의 면역력을 강화하고 세포의 중심을 회복시키는 의학을 일시적으로 보조하는 수단으로만 사용되어야 한다. 어떤 증상으로 인해 생명이 위험하거나 극도의 고통을 겪는 환자의 증상을 우선 완화시키기 위해 한정적으로 사용되어야 하는 것이다.

그렇지 않고 지금의 서양의학을 질병치료의 주 수단으로 장기적으로 사용하는 것은, 엄밀한 시각에서 보면 모두 의료사고에 해당한다. 왜냐하면 서양의학의 치료행위는 환자의 건강상태를 치료받기 이전보다 더 악화시키기 때문이다.

서양의학은 증상이라는 질병의 잎사귀를 하나씩 따내는 방식으로 모든 질병을 치료한다. 그러나 질병이라는 나무는 잎사귀 하나를 따내면, 3개의 잎사귀를 내밀면서 더욱더 거대하고 무성해진다. 잎사귀를 하나씩 따내는 방식의 치료는 끝없이 반복될 것이므로 결코 사람을 건강하게 할 수 없는 것이다.

건강은 하나다. 건강은 여러 개일 수 없다. 하나로 존재하는 건강은 모든 질병의 뿌리를 한꺼번에 잘라버린다. 건강해지는 순간 수많은 질병들은 한순간에 사라지는 것이다.

건강은 중심으로부터 비롯된다. 중심이 바로 설 때 건강해지는 것이다. 세포 차원의 건강은 세포의 중심에서 비롯된다. 그러므로 모든 세포의 중심이 바로 서는 순간 모든 질병은 한꺼번에 사라지게 된다.

미네랄밸런스는 세포의 중심을 바로 세움으로써 질병의 뿌리를 잘라버리는 건강의 칼이다. 미네랄밸런스는 수많은 질병의 뿌리를 한꺼번에 잘라버림으로써 다시는 똑같은 질병들이 발생하지 못하도록 할 것이다.

중심은 이완이다

이렇게 세포의 중심에 세포핵이 자리 잡고, 몸의 중심에 단전이 자리 잡으면, 몸의 모든 것은 달라진다.

먼저 골격(뼈대의 형태)이 달라진다. 골격은 골반을 중심으로 대칭형으로 변하는데, 골반은 몸의 한가운데에 자리 잡고, 골반 위에 척추(요추·흉추·경추)가 좌우나 앞뒤로 휘어짐이 없이 반듯하게 서며, 척추에 머리와 갈비뼈와 쇄골이 반듯하게 자리 잡고, 쇄골에 팔을 구성하는 뼈대들이 반듯하게 연결된다. 또한 골반의 아래로는 대퇴골과 정강뼈를 비롯한 다리를 구성하는 뼈대들이 단단하고 반듯하게 제자리를 잡는다.

골격이 대칭형으로 변하는 것은 몸 골격의 한가운데 있는 골반이 제자리를 찾아가는 과정에서, 골격을 구성하는 뼈들이 단단해지고, 인대와 힘줄과 근육들이 제자리를 잡고 제 기능을 발휘하기 때문이다.

골격이 대칭형으로 변화함에 따라, 내장조직들과 눈·귀·코·입도 자기 자리를 찾게 되고, 몸의 모든 부분으로 신경과 혈관이 촘촘히 연결되면서 몸은 그 기능을 완벽하게 발휘하게 된다.

골격이 대칭형으로 변화함에 따라, 몸에서 불필요한 부분들은 없어진다. 비대한 뱃살이나 팔다리에 늘어진 살들이 저절로 사라지고, 몸 안의 지방조직이나 염증 등과 같은 것들도 자리 잡을 수 없게 되는 것이다.

골격이 대칭형으로 변화한 정도는 현빈곡(등골짜기)의 깊이와 높이를 보면 쉽게 눈으로 확인할 수 있다. 골격이 대칭적일수록, 현빈곡은 깊어지면서 허리와 등을 지나 목을 거쳐 대후두공까지 이어지게 된다.

골격이 대칭형으로 변화하면, 몸의 중심에 단전이 잡으면서 몸은 제3의 눈을 뜰 수 있게 된다. 이제 단단한 하체 위에 골반을 바로 세우고, 그 위에 척추를 정렬시키기만 하면, 제3의 눈을 뜨게 된다. 제3의 눈을 뜨면, 눈에서는 그윽한 빛이 나고, 의식은 내면으로 향하여 자신의 몸과 마음을 관조하게 된다.

제3의 눈을 뜨면, 몸은 유기적일체로 작동하게 된다. 이제 몸은 반듯하게 걷고, 반듯하게 앉고, 반듯하게 서고, 반듯하게 말하고, 반듯하게 침묵하고, 반듯하게 생각하게 된다. 몸은 하나의 법칙에 따라 완벽한 하나의 우주에서 다른 완벽한 하나의 우주로 그리고 또 다른 완벽한 하나의 우주로, 단 한 치의 오차도 없이 끊임없이 변화하며 존재하게 되는 것이다.

제3의 눈을 뜨면, 몸은 중심에 의지하여 모든 것을 내려놓고 힘을 뺄 수 있게 되는데 그것이 이완이다. 그러므로 이완은 모든 세포의 중심과 몸의 중심이 깊어졌다는 것이 외부적으로 나타나는 증거다.

이완된 몸은 부드러우면서도 탄력적이고 힘이 넘치며 효율적으로 작동한다. 이완된 몸은 가장 적은 에너지로 매 순간 호흡하고, 소화하고, 걷고, 움직이고, 머물고, 앉고, 눕고, 말하고, 침묵하고, 생각하므로 몸은 언제나 에너지로 충만하게 된다.

이완된 몸은 편안하고 행복하다. 그것은 이완된 몸을 구성하는 세포들이 중심을 잡고 있기 때문이다. 이제 세포들이 바라는 모든 것은 충족되었다. 산소도, 미네랄원소도, 영양물질도…, 세포들은 더 이상 바랄 것이 없다. 그래서 몸도 편안하게 이완된다.

그러나 찌그러진 세포는 이완될 수 없다. 찌그러진 세포는 모든 것이 부족하므로 긴장한다. 긴장한 세포는 부족한 산소·미네랄원소·영양물질을 놓고 다른 세포들과 경쟁하고, 서로 얽히고 뭉쳐 떡처럼 굳으면서 몸의 경직으로 이어진다.

또한 찌그러진 세포는 늘어진다. 늘어짐은 세포가 힘이 없어 축 처진 상태다. 늘어짐은 하나하나의 세포에 신경과 혈관이 연결되지 않아 세포의 기능이 떨어지고 탄력성과 힘이 없는 상태다. 늘어진 세포들로 이루어진 몸도 늘어지게 된다.

경직되거나 늘어진 세포는 독자성과 독립성을 상실하고, 비효율적으로 작동하게 된다. 따라서 몸의 경직과 늘어짐은 세포의 중심과 몸의 중심이 사라졌다는 것이 외부적으로 나타나는 증거다.

세포들이 이완되더라도, 단전이 몸의 중심에서 벗어나면 세포들은 다시 경직된다. 왜냐하면 단전이 몸의 중심에서 벗어나면 몸은 긴장하고 경직될 수밖에 없고, 몸이 긴장하고 경직되면 몸의 일부분인 세포 또한 긴장하고 경직되기 때문이다.

마찬가지로 몸이 이완되더라도, 국가의 중심이 존재하지 않으면 몸은 다시 경직된다. 왜냐하면 나는 사회적 존재로서 국가의 일부분으로 존재하기 때문이다. 따라서 국가의 중심이 존재하지 않으면 국가는 긴장하고 경직될 수밖에 없고, 국가가 긴장하고 경직되면 국가의 일부분인 나의 몸과 세포들 또한 긴장하면서 경직될 수밖에 없다.

그러므로 이완되어 편안하게 존재하려면, 국가의 중심이 존재해야 한다.

3장

국가의 중심

국가에는 중심이 있을 수도 있고, 없을 수도 있다. 국가의 형태가 대칭적이면 국가의 중심은 존재하지만, 그렇지 않으면 국가의 중심은 존재하지 않는다.
국가의 중심이 존재하고 그 중심에 국민이 자리 잡으면, 국가는 활짝 펼쳐지면서 국민 중심으로 일체화되어져 가장 효율적으로 작동하게 된다.

국가는 인간이 창조한 생명체다

국가는 생명체다. 국가는 국민이라는 수많은 작은 생명체들로 이루어진 또 하나의 독자적이고 독립적인 생명체다. 수많은 세포들이 하나의 시스템으로 조화를 이루어 몸이라는 독자적이고 독립적인 생명체를 구성하듯이, 수많은 국민들은 하나의 시스템으로 조화를 이루어 국가라는 또 하나의 독자적이고 독립적인 생명체를 창조한다.

국가는 태풍 형태의 소용돌이다. 왜냐하면 우주의 모든 생명체들은 태풍 형태의 소용돌이이기 때문이다. 그러므로 하나의 국가로 존재하려면, 국가는 소용돌이 형태이어야 한다. 국가가 소용돌이 형태로 존재하지 않으면, 국가를 구성하는 모든 것들은 흩어지며 사라지게 된다.

태풍, 몸, 세포, 전자, 지구, 태양 등 우주에 의해 만들어진 것들은 처음부터 완벽하게 작동한다. 전자는 원자핵 주위를 빛의 속도로, 지구는 태양 주위를 초속 11km로, 태양은 우리 은하계 주위를 초속 217km로 공전하는 동시에 그 모든 것들은 엄청난 속도로 자전하고 있다. 그러나 우주는 그 어떤 소음도 느낄 수 없을 정도로 완벽하게 작동한다.

하지만 국가는 인간에 의해 만들어진다. 인간에 의해 만들어진 국가는 완벽하게 만들어지지 않으면 완벽하게 작동할 수 없다. 완벽하게 만들어진 국가는 완벽하게 작동하여 모두에게 도움이 되지만, 불완전하게 만들어진 국가는 엉뚱한 방향으로 덜컹거리며 굴러가서 차라리 없는 것보다 못하게 된다.

완벽하게 잘 굴러가는 국가를 만들기 위해서는 우주의 원리에 따라 국가를 만들어야 한다. 우주의 원리에 따라 국가를 만들면 국가도 우주처럼 소음을 내지 않고 완벽하게 굴러가게 된다. 완벽하게 굴러가는 국가는 한 바퀴를 돌 때마다 한 단계씩 업그레이드 된다. 정치도, 경제도, 돈도, 교육도 모든 것이 완벽하게 돌아가면서 인간을 더 높은 단계로 이끄는 것이다.

국가의 중심과 국민

국가소용돌이의 핵은 국민이다. 왜냐하면 국가의 목적은 국민이고, 국가의 존재 이유 또한 국민이며, 모든 권력의 원천도 국민이고, 국가의 최초이자 최종적인 의사결정도 국민만이 할 수 있기 때문이다. 모든 국가적 소용돌이는 국민으로부터 시작되어 국민에게서 종결되는 것이다. 그러므로 국민만이 국가소용돌이의 핵이 될 수 있다.

헌법(憲法)은 무엇이 국가소용돌이의 핵인지를 결정한다. 역사적으로 왕(王)이 국가소용돌이의 핵인 적도 있었다. 하지만 지금은 대한민국을 비롯한 거의 모든 국가들의 헌법은 국민주권주의(國民主權主義)를 채택하고 있다. 국민주권주의는 국가소용돌이의 핵이 국민이라는 헌법적인 선언이다.

국가의 중심은 대칭적으로 존재하는 국가 골격의 한가운데다. 따라서 국가 골격이 전후좌우로 대칭적일 때 국가의 중심은 존재하지만, 국가 골격이 찌그러지면 국가의 중심은 존재할 수 없다.

헌법은 권력으로 국가 골격을 만든다. DNA분자가 칼슘으로 몸 골격을 짜듯이, 헌법은 권력으로 국가 골격을 짠다. 칼슘으로 만들어진 뼈대들이 서로 얽혀 몸 골격을 형성하듯이, 권력으로 만들어진 뼈대들이 서로 얽혀 국가 골격을 형성하는 것이다.

헌법은 하나로 존재하는 국가권력을 여러 개로 분리하고, 분리된 권력들을 다시 하나로 엮어 국가 골격을 만든다. 따라서 국가권력구조는 국가 골격이다.

우주처럼 완벽하게 작동하는 국가를 만들기 위해서는 반드시 국가의 중심이 존재해야 하고, 국가의 중심이 존재하려면 국가권력구조가 대칭적이어야 한다. 만일 국가권력구조가 찌그러지면, 국가는 대칭성을 잃게 되고, 국가의 중심은 사라지게 된다.

국가가 잘 굴러가려면, 국가권력구조의 중심에 국가소용돌이의 핵인 국민이 자리 잡아야만 한다. 국가권력구조의 중심에 국민이 자리 잡으려면, 국가권력구조가 대칭적이어야 한다.

국가권력구조가 대칭적이려면 헌법으로 국가권력구조를 대칭적으로 만들어야 한다. 헌법으로 국가권력구조를 대칭적으로 규정하면, 국민은 대칭적인 국가권력구조의 중심에 자리 잡게 되고, 국가는 국민 중심으로 돌아가게 된다.

그러나 헌법으로 국가권력구조를 찌그러지게 규정하면, 국가권력구조의 중심은 존재하지 않으므로 국민은 국가의 중심에 자리잡을 수 없고, 국가의 모든 것은 리듬과 조화를 잃고 흩어지며 혼란에 빠지게 된다.

지구촌의 헌법들은 국민주권주의를 선언함으로써 국민이 국가 소용돌이의 핵이라고 규정하고 있다. 하지만 어떤 국가도 국가권력구조를 대칭적으로 반듯하게 만들지 못하고 있다. 모든 국가의 국가권력구조가 찌그러진 것이다.

지구촌 국가들의 국가권력구조가 찌그러진 것은, 지구촌의 헌법들이 약 300년 전에 나온 몽테스키외의 권력분립이론에 따라 국가권력을 형식적으로 입법권·사법권·행정권으로 분리시킨 후, 그것들을 대충 이리저리 얽는 방식으로 국가권력구조를 만드는 수준에 머물고 있기 때문이다.

몽테스키외의
찌그러진 권력분립이론

몽테스키외는 국민의 기본권을 최대한 보장하고자 권력분립이론을 창안했다. 그는 하나의 국가권력을 3개로 분립시키고, 분립된 권력들 사이에 견제와 균형을 유도함으로써 권력으로부터 국민을 보호하려 했다. 그러나 그는 국가권력구조를 대칭적으로 만드는 데 실패했고, 따라서 그의 의도는 실현되지 못하고 있다.

국가권력구조를 대칭적으로 만들기 위해서는 분립된 권력들의 크기가 똑같아야 한다. 국가권력의 총합이 '30'이라고 가정할 때, 그 권력을 3개로 분립하여 균형 있게 국가 골격을 만들기 위해서는 분립된 3개의 권력들의 크기가 똑같이 '10'이어야 하는 것이다. 만일 분립된 3개의 권력들의 크기가 서로 다르면 국가권력구조는 찌그러지게 된다.

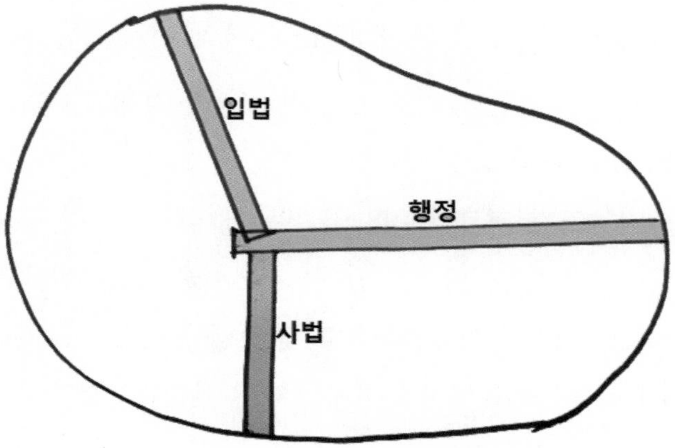

찌그러진 국가권력구조

그런데 그의 이론은 국가권력을 그 성질에 따라 입법권·사법권·행정권으로 분리시켰을 뿐이다. 그러나 입법권, 행정권, 사법권은 본질적으로 그 성질이 다르므로 분립된 권력들의 크기를 동일하게 할 방법은 없다. 따라서 그의 이론에 따라 국가권력을 분립하면 국가 권력구조는 그림과 같이 찌그러질 수밖에 없다.

국가권력구조가 찌그러지면, 국가의 중심은 존재하지 않는다. 국가의 중심은 국민이 자리 잡을 곳이다. 따라서 국가의 중심이 존재하지 않으면 국가권력구조에서 국민이 자리 잡을 곳이 없으므로, 국가는 국민 중심으로 돌아가지 않게 된다. 또한 찌그러진 국가권력구조는 경직되므로 주름이 생기면서 빈틈이 드러나게 된다. 그

빈틈으로 국가 차원의 세균이나 바이러스가 침투하여 국가에 기생하며 국가의 에너지를 빨아먹으며 국민 대신 국가의 주인 행세를 하게 되고, 국가는 국민의 뜻이 아닌 국가 차원의 세균이나 바이러스의 뜻에 따라 움직이게 된다.

국가권력구조가 찌그러지면, 국가는 제대로 굴러갈 수 없으므로 국가는 정체상태에 빠지게 된다. 따라서 국가의 혈액인 돈이 돌지 않아 국민들의 삶은 힘들어지고, 후손들을 제대로 교육시킬 수 없게 되어 인재를 키워내지 못하게 되면서 시간이 지날수록 퇴보하게 된다.

국가권력구조가 찌그러지면, 분립된 권력들 사이의 견제와 균형은 이루어지지 않는다. 분립된 권력들 사이에 견제와 균형이 이루어지려면 분립된 권력들의 크기가 똑같아야 하는데, 찌그러진 국가권력구조의 분립된 권력들의 크기는 서로 다르다. 따라서 권력으로부터 국민의 기본권을 최대한 보장하고자 하는 권력분립이론의 목적은 달성될 수 없다.

국가권력구조가 찌그러지면, 국가권력으로 국민을 충분히 보호할 수 없게 된다. 국가권력이 최대한 펼쳐졌을 때, 모든 국민은 국가의 보호 속에서 자유롭고 평화로운 삶을 영위할 수 있다. 국가라는 우산으로 국민을 최대한 보호하려면, 국가권력이 최대한 펼쳐져야만 하는 것이다. 그러나 찌그러진 국가는 국가권력을 최대한 펼칠 수 없고, 따라서 일부 국민은 국가권력이 미치지 않는 곳에서 방치되게 된다.

혁명과 헌법개정절차

지구촌 국가들의 찌그러진 국가권력구조로 인해 수많은 문제들이 발생하고 있고, 그로 인한 피해는 모두 국민에게 귀결되고 있다. 지구촌 국가들의 찌그러진 국가권력구조를 이대로 방치한다면, 결국 국민적인 저항으로 인해 지구촌은 엄청난 혼란을 겪을 수밖에 없을 것이다.

우주의 중심에 우주소용돌이의 핵이 자리 잡는 과정에서, 흩어져 있던 은하계와 은하계, 태양계와 태양계가 충돌하면서 수많은 별들이 깨지고 합쳐지는 혼란을 겪게 된다. 마찬가지로 국가의 중심에 국민이 자리 잡는 과정에서도, 흩어져 있던 국가의 모든 것들이 서로 부딪치고 깨지며 하나로 통합되는 과정을 거치게 되는데 그것을 역사적으로 혁명이라고 한다.

혁명은 국민적 에너지가 강력함에도 불구하고 헌법이 국가권력의 중심 자리를 국민에게 내주지 않았을 때, 국민이 자기 자리를 찾아가는 과정에서 자연적으로 발생하는 현상인 것이다.

시간이 흐를수록 국민의 힘은 강력해지고 있다. 결국 모든 국가는 국가권력구조를 대칭적으로 만들고, 그 중심 자리를 국민에게 내줄 수밖에 없다. 그리고 그 과정은 혁명이라는 혼란과정을 거칠 수도 있고, 그렇지 않을 수도 있다.

혁명이라는 혼란과정 없이 국민이 국가의 중심에 자리 잡으려면 헌법개정절차를 활용하면 된다. 왜냐하면 국가의 중심에 누가 자리 잡을지는 헌법으로 결정하기 때문이다.

따라서 헌법개정절차를 통해 헌법으로 국가의 형태를 대칭적으로 만들고 그 중심 자리를 국민에게 내어주면, 혁명이라는 혼란을 거치지 않고도 국가의 중심에 국민이 자리 잡게 된다.

그렇다면 헌법을 어떻게 개정해야 국가권력구조를 대칭적으로 만들 수 있을까?

국가권력구조를 대칭적으로 만드는 방법

헌법으로 국가의 형태를 대칭적으로 만들려면, 수레바퀴원리로 국가권력구조를 짜면 된다. 왜냐하면 수레바퀴는 완벽하게 대칭적인 구조이기 때문이다.

수레바퀴는 인간의 발명품이다. 수천 년 전에 발명된 수레바퀴는 지금까지도 그 원형을 그대로 보존하고 있다. 그 당시의 수레바퀴나 지금의 자동차바퀴의 휠이나 그 구조는 본질적으로 동일하다. 그림과 같이 수레바퀴의 한가운데에 '장구통(중심축을 끼우는 부분)'이 있고, 장구통으로부터 사방으로 '바퀴살'이 펼쳐지며, 바퀴살의 끝부분을 '바퀴테'로 둘렀다는 점에서 청동기시대나 지금이나 변함이 없는 것이다.

수레바퀴의 구조

수레바퀴가 수천 년 동안 그 원형을 보존할 수 있었던 것은 우주의 원리에 따라 만들어졌기 때문이다. 우주는 가장 완벽한 시스템이므로, 우주의 원리에 따라 만들어진 수레바퀴는 더 이상 개량할 수 없을 정도로 완벽한 구조를 갖추었기에 수천 년 동안 그 원형을 보전할 수 있었던 것이다. 따라서 수레바퀴원리로 국가권력구조를 짜는 것은, 우주의 원리에 따라 국가권력구조를 만드는 것이다.

수레바퀴원리로 국가권력구조를 짜려면, 국가권력을 수레바퀴 형태로 배치하고, 수레바퀴에서 특정한 부분이 담당하는 기능을 국가권력구조에서 그 부분에 해당하는 국가권력이 동일한 기능을 담당하도록 헌법으로 규정하면 된다.

수레바퀴는 그 위에 수레와 수레에 얹은 짐을 싣고 잘 굴러가는 것이 그 본연의 기능이다.

수레바퀴는 '국가권력', 수레는 '국민', 수레에 실린 짐은 '국민의 생명·재산·명예' 등에 해당한다. 따라서 국가권력은 국민과 국민의 생명·재산·명예를 책임지고 보호하면서 잘 굴러가는 것이 그 본연의 기능이다.

수레바퀴는 수레가 의도하는 방향으로 굴러간다. 수레바퀴의 움직임은 수레에서 시작되고, 수레에서 종결되는 것이다.

마찬가지로 국가권력은 '국민이 뜻'에 따라 행사되어야 한다. 모든 국가권력은 국민에 의해 국민을 위해 행사되어야만 하는 것이다.

수레는 수레의 중심축을 수레바퀴 한가운데에 있는 텅 빈 부분에 끼움으로써 수레바퀴를 원하는 방향으로 굴러가게 한다.

수레의 중심축은 '국가권력의 중심축으로서의 국민'에 해당하고, 수레바퀴의 한가운데 있는 텅 빈 부분은 '국가권력구조의 한가운데에 있는 권력이 텅 빈 부분'에 해당한다.

국가권력구조의 한가운데에 있는 권력이 텅 빈 부분은 국가권력의 중심축으로서의 국민이 국가권력구조에서 자리 잡아야 할 곳이다. 여기서 텅 비었다는 것은 국민 이외의 다른 권력이 존재하지 않는다는 것으로, 권력의 진공상태를 의미한다.

국민은 국가권력의 중심축으로서, 국가권력구조의 한가운데에 있는 권력이 텅 빈 부분에 자리 잡고, 국가권력을 원하는 대로 이끌게 된다.

수레바퀴의 한가운데에 중심축이 끼워지면 수레바퀴는 잘 굴러가지만, 그렇지 않으면 수레바퀴는 얼마 가지 못하고 망가지게 된다.

마찬가지로 국가권력구조의 한가운데에 있는 권력이 텅 빈 부분에, 권력의 중심축으로서의 국민이 자리 잡으면 국가는 잘 굴러가지만, 그렇지 않으면 국가는 얼마 버티지 못하고 망하게 된다.

수레바퀴의 한가운데에 중심축이 끼워지려면, 수레바퀴 한가운데에 장구통이 있어야 한다. 장구통은 둥근 고리 형태로, 그 가운데에는 중심축이 끼워지는 텅 빈 구멍이 뚫려 있다.

마찬가지로 국가권력구조의 한가운데에 권력의 중심축으로서의 국민이 자리 잡으려면, 국가권력구조의 한가운데에 '장구통 형태의 국가조직'이 존재해야 한다. 장구통 형태의 국가조직은 둥근 고리 형태로서, 그 한가운데는 어떠한 권력도 존재하지 않는 권력의 진공 상태이어야 한다.

장구통 형태의 국가조직의 한가운데가 권력이 텅 빈 진공 상태이면, 권력의 중심축으로서의 국민이 그곳에 자리 잡고 전체 국가권력을 조율할 수 있다. 하지만 그곳에 다른 권력이 존재하면 권력의 중심축으로서의 국민은 그곳에 존재하는 권력에 의해 휘둘리게 된다.

장구통 형태의 국가조직의 한가운데에 권력의 중심축으로서의 국민이 자리 잡을 권력이 텅 빈 부분이 존재하게 하려면, 헌법으로 다수의 권력자들로 하여금 장구통 형태의 국가조직을 구성하게 하고, 그들 사이의 권력의 크기를 똑같도록 하며, 그들이 공동으로 국가권력을 행사하도록 규정하면 된다. 이렇게 하면, 장구통 형태의 국가조직을 구성하는 다수의 권력자들이 지닌 똑같은 크기의 권력들은 중심을 축으로 서로 대칭을 이루게 되므로, 그 중심은 텅 비면서 권력의 진공 상태가 만들어지게 된다.

장구통은 수레바퀴의 한가운데에서 중심축을 받쳐주고, 바퀴살을 지탱해준다. 따라서 장구통은 중심축을 통해 전달되는 수레의 무게를 감당하는 동시에 바퀴살을 통해 전달되는 충격도 이겨내야 하므로 매우 튼튼해야 한다.

장구통 형태의 국가조직은 국가권력구조의 한가운데에서 국가권력의 중심축으로서의 국민을 보위하고, 바퀴살에 해당하는 분립된 권력들을 지탱한다. 따라서 장구통 형태의 국가조직은 국민으로부터 가해지는 엄청난 압력을 감당하는 동시에 분립된 권력을 통해 전달되는 외부적인 충격도 이겨내야 한다. 그러므로 장구통 형태의 국가조직은 매우 튼튼해야 한다.

장구통 형태의 국가조직을 튼튼하게 만들려면, 헌법으로 국민이 장구통 형태의 국가조직에게 가장 크고 많은 양의 국가권력을 위임하도록 규정하면 된다.

장구통으로부터 사방으로 펼쳐진 바퀴살들은 그 길이가 똑같아야 하고, 장구통과 단단하게 결합되어야 하며, 튼튼해야 한다. 만일 바퀴살의 길이가 제각각이면 수레바퀴의 형태는 대칭적이지 못하고 찌그러지게 되고, 바퀴살과 장구통이 단단하게 결합되지 않으면 수레바퀴는 쉽게 망가질 것이며, 바퀴살이 허약하면 수레바퀴의 무게를 이기지 못하고 쉽게 부서질 것이다.

국가권력구조에서 수레바퀴의 바퀴살에 해당하는 부분은 '분립된 권력들'이다. 따라서 분립된 권력들은 장구통 형태의 국가조직으로부터 사방으로 펼쳐져야 하고, 분립된 권력들의 크기는 똑같아야 하며, 장구통 형태의 국가조직과 단단하게 결합되어야 하며, 튼튼해야 한다.

분립된 권력들이 장구통 형태의 국가조직으로부터 사방으로 펼쳐지려면, 장구통 형태의 국가조직이 보유한 권력 중의 상당 부분을 여러 개로 분할하여, 같은 수의 분립된 권력들에게 위임하면 된다. 이렇게 하면 분립된 권력들은 사방으로 펼쳐져 다양한 국가영역을 분할해서 관장하게 된다.

서로 다른 국가영역을 관할하는 분립된 권력들은 그 성격이 서로 다를 수밖에 없다. 성격이 서로 다른 분립된 권력들의 크기를 똑같이 하려면, 분립된 권력들의 수장이 지닌 권력의 크기를 똑같이 만들면 된다. 왜냐하면 분립된 권력들의 수장이 지닌 권력의 크기가 똑같으면, 분립된 권력들의 성격이 달라도 그 크기는 똑같아질 수밖에 없기 때문이다.

장구통 형태의 국가조직을 구성하는 권력자들의 권력의 크기는 모두 똑같다. 따라서 장구통 형태의 국가조직을 구성하는 권력자들이 분립된 권력들의 수장 역할을 일정 기간씩 돌아가면서 담당하는 것으로 헌법으로 규정하면, 분립된 권력들의 크기는 완전히 똑같아지게 된다.

장구통 형태의 국가조직을 구성하는 권력자들은 분립된 권력들의 수장 역할을 반드시 일정 기간씩 돌아가면서 맡아야 한다. 그렇지 않으면 권력자들의 개인적인 능력이나 분립된 권력의 성격에 따라 시간이 지날수록 분립된 권력들의 크기가 달라지므로 국가중심체와 국민은 국가권력구조의 한가운데에서 밀려나게 될 것이다.

또한 장구통 형태의 국가조직을 구성하는 권력자들이 분립된 권력들의 수장 역할을 돌아가며 맡으면, 장구통 형태의 국가조직과 분립된 권력들은 단단하게 결합될 수밖에 없다. 왜냐하면 장구통 형태의 국가조직을 구성하는 권력자들은 분립된 권력들의 수장을 겸임하기 때문이다.

마찬가지로 장구통 형태의 국가조직을 구성하는 권력자들이 분립된 권력들의 수장 역할을 돌아가면서 담당하면, 분립된 권력들은 튼튼할 수밖에 없다. 왜냐하면 모든 장구통 형태의 국가조직을 구성하는 권력자들은 전체 국민으로부터 직접 권력을 위임받은 최고 권력자들이기 때문이다.

수레바퀴의 테두리는 바퀴살들의 끝부분을 단단하게 두르면서,

바퀴살들을 하나로 고정시키고, 수레바퀴의 외부적인 형태를 유지한다. 따라서 테두리는 사방으로 펼쳐진 바퀴살들을 단단하게 하나로 연결하여 수레바퀴의 둥근 형태를 유지하는 동시에 고무와 같이 부드러움과 탄력성을 갖춘 재질로 만들어져 외부적인 충격을 완화시켜야 한다.

국가권력구조에서 수레바퀴의 테두리에 해당하는 부분은 '공무원조직'이다. 공무원조직은 국가권력구조의 일선에서 국민 또는 외부세계와 직접 접촉하는 부분이다. 따라서 공무원조직은 분립된 권력들과 일체가 되어 하나로 작동하는 동시에, 공정성과 유연성을 지니고 국민을 섬겨야 한다.

공무원조직과 분립된 권력들을 단단하게 하나로 결합시키려면, 헌법으로 분립된 권력들과 공무원조직을 상명하복의 관계로 규정하면 된다. 또한 공무원조직이 국가의 외부적인 형태를 안정적으로 유지하게 하려면, 직업공무원제를 채택하면 된다. 그리고 공무원조직이 공정성과 유연성을 겸비하게 하려면, 공무원은 국민의 공복이라는 점을 헌법에 규정하고 이를 위반할 경우 엄정하게 책임을 물으면 된다.

장구통 형태의 국가조직

기존의 헌법들에 따른 국가 골격에도 수레바퀴의 바퀴살과 테두리에 해당하는 부분들은 존재한다. 입법부, 행정부, 사법부는 바퀴살에 해당하고, 그 하위에 존재하는 공무원조직은 테두리에 해당하는 것이다.

하지만 기존의 헌법들에 따른 국가 골격에는 장구통 형태의 국가조직은 존재하지 않는다. 그것은 몽테스키외의 권력분립이론은 하나의 권력을 3개로 분립하여 대충 얽어놓았을 뿐, 그것들을 가운데에서 하나로 묶어주는 권력은 처음부터 생각하지 못했기 때문이다.

그러므로 기존 헌법들에 따른 국가권력구조는 장구통이 없는 수레바퀴와 같다. 장구통이 없는 수레바퀴가 그 위에 수레를 얹고 잘 굴러갈 수는 없다. 왜냐하면 장구통이 없는 수레바퀴에는 중심축이 끼워질 수 없으므로 중심축을 대충 얽은 바퀴살들 위에 올려놓을 수밖에 없기 때문이다. 따라서 수레바퀴는 수레의 의도와는 달리 엉뚱한 방향으로 내달리고, 거친 길은 고사하고 조그마한 돌부리에만 걸려도 부서지게 된다. 그래서 지구촌의 국가들은 장구통 없는 수레바퀴처럼 국민의 뜻과는 달리 권력자의 뜻에 따라 내달리다가 국민들을 생존의 위기로 내몰고 있다.

그러므로 국가권력구조의 중심에 장구통 형태의 국가조직은 반드시 있어야만 한다. 장구통 형태의 국가조직이 설치되면, 국민은 국가권력구조의 중심에 자리 잡게 된다.

국민이 국가권력구조의 중심에 자리 잡으면, 국가는 공의 눈을 뜨게 된다. 그것은 국가권력구조의 중심에 자리 잡은 국민은 좌도 아니고 우도 아니며, 진보도 아니고 보수도 아니기 때문이다. 또한 개인으로서의 국민은 욕망과 에고를 가지고 있지만, 국가권력구조의 중심에서 균형과 조화를 이룬 국민은 공으로 존재하기 때문이다.

공의 눈은 자신의 내면을 바라보는 내면의 눈이다. 따라서 공의 눈을 뜬 국가는 자신의 내부를 언제나 면밀하게 관조하게 된다. 국가가 한쪽으로 치우치거나 찌그러진 부분은 없는가, 장구통 형태의 국가조직이 국가권력구조의 한가운데 자리를 지키고 있는가, 장구통 형태의 국가조직을 지탱해주는 분립된 권력들과 공무원조직이 제 기능을 발휘하고 있는가, 권력자들이 국민 위에서 군림하지는 않는가, 국가의 혈액인 돈이 국가 전체를 골고루 빠르게 순환하고 있는가, 다음 세대를 반듯하게 교육시키고 있는가, 국가의 체력이 외부의 침입을 막아낼 수 있을 정도로 강력한가, 국가가 바람직한 방향으로 효율적으로 움직이고 있는가, 공직자들이 부정부패를 저지르지 않는가, 국가의 효율성을 저해하는 요인은 무엇인가 등등을 들여다보고 잘못된 부분이 있으면 즉시 교정하는 것이다.

국가가 공의 눈을 뜨면, 국가는 일체화된다. 국가가 일체화되면, 비로소 국가는 독자적이고 독립적으로 존재하게 된다. 그 이전에 국가의 모든 것들은 흩어져 있었고, 부분으로만 존재하고 있었으며, 제각각 움직이고 있었다. 하지만 흩어져 있던 모든 것들이 국민을 중심으로 일체화되면, 국가는 비로소 '국가'라고 할 만한 존재로 드러나게 된다.

국가가 일체화되면, 국가를 구성하는 모든 요소들은 본래의 형태를 드러내고, 본래의 기능을 발휘하게 된다. 국가를 구성하는 권력조직·대기업·중소기업·전문가·근로자·학생 등등 모든 등등 ··· 모든 부분들은 반듯한 형태로 드러나고, 그 기능을 완벽하게 발휘하게 되는 것이다.

국가가 일체화되면, 국가를 구성하는 모든 것들은 서로 의지하며 존재하게 된다. 국민은 기업이 있기에 존재하고, 기업은 근로자가 있기에 존재하며, 정부는 국민이 있기에 존재하고, 그 외의 국가의 모든 것들도 서로 의지하며 존재하게 된다. 서로 의지하는 국가의 모든 것들은 대등하게 존재한다. 이제 한 개인도 국가의 최고 권력조직과 대등하게 서로 의지하여 존재하는 것이다.

국가가 일체화되면, 국가의 모든 것들은 유기적으로 연결되고, 유기적인 국가는 가장 효율적으로 작동하게 된다. 유기적인 국가는 가장 적은 에너지로 가장 효과적으로 작동하는 것이다. 유기적인 국가는 국가권력조직에 의지하여 권력의 중심축으로서의 국민이 움직이고, 그 움직임에 의해 권력조직들이 작동하게 된다. 이제 권력의 중심축으로서의 국민은 장구통 형태의 권력조직에 의지하여 분립된 권력들과 공무원조직을 쉽게 움직이게 된다. 따라서 일체화된 국가가 작동하는 데 거의 에너지를 소모하지 않는다. 또한 일체화된 국가는 국민을 중심으로 조화롭게 작동하므로 소음이 발생하지 않는다.

국가가 일체화되면서 진정한 국민주권주의가 현실에 구현된다. 그러므로 장구통 형태의 국가조직도 설치하지 않고 선언된 국민주권주의는 현실에 구현될 수 없는 공허한 말들을 나열한 것에 불과하다.

국민은 언제나 국가권력구조의 중심 자리를 지켜야만 한다. 국민이 언제나 국가권력구조의 중심 자리를 지키려면, 장구통 형태의 국가조직이 국가권력구조의 한가운데에서 밀려나지 않아야 한다. 장구통 형태의 국가조직이 국가권력구조의 한가운데에서 밀려나면, 그 중심에 자리 잡고 있는 국민 또한 국가권력구조의 중심에서 밀려날 수밖에 없다.

장구통 형태의 국가조직이 국가권력구조의 한가운데에서 밀려나지 않으려면, 장구통 형태의 국가조직을 국가권력구조의 한가운데에서 밀어내는 요인을 제거해야 한다. 장구통 형태의 국가조직의 권력자들이 정치적 이념, 욕망, 이권 등에 빠지면 장구통 형태의 국가조직은 국가권력구조의 한가운데에서 밀려나게 된다. 그러므로 헌법은 장구통 형태의 국가조직의 권력자들이 정치적 이념, 욕망, 이권 등에 따라 이리저리 휘둘리지 않도록 규정해야 한다.

정치적 이념, 욕망, 이권 등에 장구통 형태의 국가조직의 권력자들이 휘둘리지 않으려면, 정당의 본질을 꿰뚫어보아야 한다. 왜냐하면 정당은 정치적 이념, 욕망, 이권에 따라 국가를 분열시키고 국가의 중심을 파괴하는 암적인 조직이기 때문이다.

정당은 바이러스다

지금까지의 헌법에는 장구통 형태의 국가조직이 존재하지 않았다. 하지만 하나의 국가권력이 3개로 분리됨에도 불구하고 그것들을 중심에서 하나로 묶어주는 권력이 존재하지 않으면, 분립된 권력들은 구심력을 잃고 흩어지게 된다.

이에 기존의 헌법들은 대통령중심제 또는 의회중심제를 채택하여 분립된 권력 중의 하나인 대통령 또는 의회에게 더 큰 권력을 위임함으로써 권력의 중심축으로 삼았다. 하지만 대통령 또는 의회는 분립된 권력 중의 하나로서 수레바퀴의 바퀴살에 해당하는 부분이다. 바퀴살 가운데 하나가 비대해진다고 해서 서로 떨어져 존재하는 바퀴살들에게 구심력이 발생할 수 없듯이, 대통령이나 의회의 권력이 강해져도 분립된 권력들에게 구심력이 발생하지 않는다.

그래서 국민 일부가 정권획득을 위해 만든 정당이 자연스럽게 입법부와 행정부를 이어주면서 구심력이 생기게 되었고, 헌법적으로 이를 용인함으로써 정당제가 등장하게 되었다. 권력분립이론이 불완전했기 때문에 이를 보완하기 위해 정당제가 출현한 것이다.

하지만 국가가 세포라면 정당은 국가 차원의 바이러스다. 바이러스는 세포가 찌그러져 중심을 잃고 면역시스템이 작동하지 않을 때, 세포 안으로 침투하여 세포의 에너지원인 미토콘드리아를 장악한 후 세포 전체를 숙주로 삼고 세포의 주인 행세를 한다. 그 후 바이러스는 세포의 기능을 떨어뜨리고, 세포의 에너지를 빨아 먹음으로써 세포를 고사시킨다.

마찬가지로 정당은 국가가 중심을 잃고 찌그러져 국가시스템이 제대로 작동하지 않을 때, 국가권력구조 내부로 침입하여 국가의 주요기관들을 장악한 후 국가를 숙주로 삼고 국가의 주인 행세를 한다. 그 후 정당은 국가를 분열시켜 국가의 기능을 떨어뜨리고, 국가의 에너지를 빨아먹음으로써 국가를 고사시킨다.

정당제는 헌법적으로 정당이 국가를 숙주로 삼고, 국가의 주인 행세를 하도록 허용하는 정치시스템이다. 하지만 정당에게 권력의 중심 자리를 내주고서 국가가 잘 돌아가기를 기대하는 것은 어리석다. 왜냐하면 정당은 부분적이고 분열적이기 때문이다. 정당은 분열된 이념을 간판으로 내걸고, 실제로는 개인적인 욕망을 추구하는 사적인 집단이다.

정당은 국가 전체를 분열시킨다. 정당은 특정 이념을 추구하고, 특정 색깔을 선호하며, 특정 계층과 특정 지역에 지지기반을 둔다. 따라서 서로 다른 정당들은 결코 화합할 수 없고, 권력을 놓고 끝없이 싸울 수밖에 없으며, 마침내 국가와 국민을 갈가리 찢어놓는다. 이제 국회의원들뿐만 아니라, 기자들도, 판사들도, 검사들도, 일반 공무원들도, 선생님들도, 학생들도, 근로자들도, 농부들도, 주부들도 모두 정당의 이념에 감염되어 끼리끼리 분열되고, 중심을 잃고 찌그러진다.

분열되어 중심을 잃고 찌그러진 사람들은 정당을 중심으로 떡처럼 뭉쳐지며 경직된다. 이제 그들은 자신이 지지하는 정당의 입장과 대치되는 것은 용납하지 않고, 오로지 정당의 입장에서 말하고 행동한다. 그들은 정당의 입장에서 국회에서 표결하고, 기사를 작성하고, 수사하고, 판결하고, 업무를 처리하고, 논쟁하고, 학생들을 가르치고, 투표한다. 그들은 모든 것의 옳고 그름을 오로지 정당의 입장에서 판단하는 것이다. 그들은 정치, 언론, 검찰, 법원, 학교, 국가공무원을 시작했을 때의 초심을 완전히 잊어버리고 정당의 입장을 자신의 입장으로 받아들인 것이다.

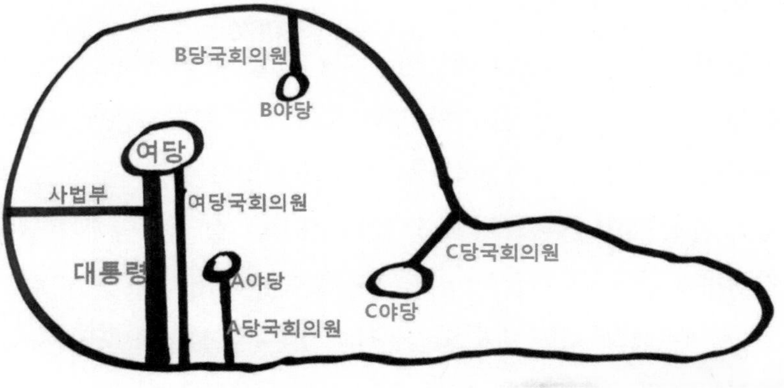

국가를 찌그러지게 하는 정당제

그러므로 정당이 권력의 중심이 되면 국가는 정당과 정당을 따르는 사람들을 중심으로 그림과 같이 찌그러지며 경직될 수밖에 없다. 그리고 정당들은 서로 옳다고 격렬하게 투쟁하고, 그에 따라 전 국민이 분열하여 싸우면서 국가적인 비극은 계속적으로 발생한다. 국가는 정당과 그 당수의 이념과 욕망에 이끌려 비틀거리고, 국민은 그 희생양이 되는 것이다.

또한 정당은 법으로 정당운영자금을 국비로 보조받도록 정한다. 그것은 바이러스가 미토콘드리아에 뿌리를 내리고 에너지를 빨아먹는 것처럼, 국가의 혈관에 빨대를 꽂고 국민의 혈세를 빨아먹는 것이다. 따라서 시간이 지날수록 정당의 힘은 강해지고, 국가는 힘을 잃고 비쩍 마르며 찌그러지게 된다.

정당은 조폭과 매우 유사한 조직이다. 정당과 조폭은 욕망으로 만들어져 다른 사람을 지배하려 하고, 음모, 배신, 거짓말, 무책임 등등 그 속성도 비슷하다. 가장 힘이 세고 지배욕이 강한 사람이 조폭의 수장이 되어 자신의 욕망에 따라 조직을 움직이듯이, 돈과 힘이 가장 많고 권력욕이 가장 강한 사람이 정당의 당수가 되어 자신의 욕망을 충족시키기 위해 정당을 이용한다.

정당제는 그런 정당에게 입법권과 행정권은 물론 사법권까지 실질적으로 장악하도록 헌법적으로 용인하는 제도다. 당연히 정당제는 일당독재 또는 일인독재를 불러오게 되고 결국 나치당·공산당 같은 파쇼정당들이 출현하여 수천만 명의 사람들을 희생시켰다. 정당은 조폭과 유사하지만, 조폭과는 비교할 수도 없을 정도로 인류에게 크나큰 해악을 끼친 것이다.

하지만 인류는 아직도 정당의 굴레에서 벗어나지 못하고 있다. 그것은 중심을 잃고 찌그러진 국가를 그나마 굴러가게 하려면 정당제가 필요했기 때문이다.

그러나 수레바퀴원리로 국가권력구조를 짜고 그 한가운데에 장구통 형태의 국가조직을 설치하면, 국민이 국가의 중심에 자리 잡고 모든 것을 조율하게 되므로 정당제는 불필요하게 된다. 따라서 국가는 정당이라는 바이러스가 일으킨 질병에서 벗어나 건강을 되찾게 되므로, 건강한 국가 속에서 모든 국민은 자유와 행복을 누리게 될 것이다.

국가권력구조가
찌그러진 대한민국

현행 대한민국헌법은 국가권력을 입법권·행정권·사법권으로 분립시켜, 입법권은 국회에, 행정권은 대통령에게, 사법권은 대법원을 필두로 하는 사법부에 위임함으로써 기본적으로 몽테스키외의 권력분립이론을 그대로 따르고 있다. 따라서 대한민국의 국가권력구조는 찌그러지게 되었다.

찌그러진 대한민국에는 국가의 중심 자리가 존재하지 않는다. 따라서 국민은 국가권력구조의 중심에 자리 잡을 수 없고, 대한민국은 국민 중심으로 돌아가지 않으므로, 국민주권주의는 선거철의 형식적인 구호에 불과하게 되었다.

국민이 국가의 중심에 자리 잡지 못하므로 국민 대신 대통령, 국회, 여당, 야당, 언론 등이 국가의 중심임을 자처하지만 그 어느 것도 국가의 중심이 될 수 없다. 왜냐하면 국가의 중심이 되려면 국가권력구조의 중심에 자리 잡아야 하는데, 대한민국의 권력구조는 중심이 존재하지 않기 때문이다, 따라서 대한민국은 분열될 수밖에 없고, 그로 인한 모든 부담과 고통은 모두 국민의 몫으로 귀결되고 있다.

찌그러진 대한민국은 앞으로 나아가지 못하고 있다. 찌그러진 대한민국은 우왕좌왕하고 있는 것이다. 보수가 집권하면 덜컹거리며 오른쪽으로 갔다가, 진보가 집권하면 비틀거리며 왼쪽으로 방향을 수정한다. 서로가 서로의 발목을 잡고 늘어지는 형국에서 대한민국은 술에 취한 사람처럼 비틀거리고 있는 것이다.

앞으로 나아가지 못하는 대한민국은 발전할 수 없다. 국가라는 수레바퀴는 한 바퀴 구를 때마다 구성원들이 통합되면서 한 단계씩 업그레이드되어야 한다. 그러나 한 바퀴 구를 때마다 구성원들이 분열하면서 퇴보하면 그 국가는 계속적으로 존속할 수 없고, 그 피해는 모두 국민에게로 귀결된다.

찌그러진 대한민국에는 분립된 권력들 사이에 견제와 균형은 존재하지 않게 되었다.

먼저 사법권과 행정권 사이의 견제와 균형은 존재하지 않는다. 왜냐하면 사법권에 비해 행정권의 수반인 대통령은 경찰·검찰·조세·예산편성·국방·외교·일반 행정권 등등 막강한 권력을 지니고 있기 때문이다. 여기에 헌법은 대통령에게 대법원장과 대법관 임명권과 사법부 예산편성권, 사면·복권의 권한까지 부여함으로써 대통령은 사법권의 목줄을 쥐고 있다. 하지만 사법권이 대통령을 견제할 수 있는 유일한 수단은 소극적인 판결 이외에 아무것도 없다. 이렇게 사법권의 권한은 왜소한 데 비해 대통령의 권한은 너무도 막강하므로 사법권은 실질적으로 대통령에게 종속된 권력 중의 하나로 전락하게 되었다.

지금 전 대법원장이 사법부의 조직과 예산을 따기 위해 대통령의 입맛에 맞춘 판결로 대통령에게 로비했다는 의혹이 제기되면서, 판사들은 분노하고 국민들은 사법부를 불신하고 있다. 이번 사태에서 전 대법원장을 처벌하는지 여부는 그다지 중요하지 않다. 왜냐하면 지금과 같이 권력이 불완전하게 분립된 상태에서는 이와 유사한 사건은 언제든지 다시 발생할 수밖에 없기 때문이다. 중요한 것은 사법부의 수장이 사법부의 조직과 예산을 확보하기 위해 대통령에게 로비까지 해야 할 정도로 사법권이 대통령에게 종속되었고, 그로 인해 국민이 피해를 입었으며, 국민이 국가를 불신하게 되었다는 점이다.

행정권과 입법권의 사이에도 견제와 균형은 존재하지 않는다. 입법권을 보유한 국회는 법률제정권과 예산심사권을 가지고, 행정권의 수반인 대통령은 법률안제출권과 법률안거부권, 예산편성권 등을 가지고 있으므로 형식적으로는 어느 정도 견제와 균형이 이루어진 것처럼 보인다. 하지만 실제로는 대통령과 국회는 하나가 되거나 도저히 함께할 수 없는 사이가 될 수 있을 뿐, 견제와 균형은 존재할 수 없다.

그것은 헌법이 정당제를 채택했기 때문이다. 헌법에 따르면 대통령과 국회의원은 동일한 정당의 구성원이 될 수 있다. 따라서 대통령과 국회의 관계는, 집권여당(대통령이 소속된 정당)이 국회의원 정수의 과반수 이상(151석)을 차지했는가에 따라 다르다(국회선진화법에 따르면 180석 이상). 집권여당이 과반수 이상의 국회의원을 차지하면, 대통령과 국회는 하나의 절대적인 권력으로 재탄생한다. 하지만 집권여당이 국회의원의 과반수 이상을 차지하지 못하면 대통령과 국회는 도저히 함께할 수 없는 사이가 된다.

대통령과 국회가 하나의 절대적인 권력으로 재탄생하면, 분립된 권력 사이의 견제와 균형은 완전히 사라진다. 왜냐하면 같은 정당 소속의 대통령과 국회는 하나의 몸처럼 움직이기 때문이다. 하나의 몸처럼 움직이는 대통령과 국회는 국민을 무시하고 반대파를 탄압하면서 정국은 혼란에 빠지게 된다.

반대로 대통령과 국회가 도저히 함께할 수 없는 사이가 되어도 견제와 균형은 사라진다. 왜냐하면 야당이 주도하는 국회는 대통령의 모든 행위를 무조건 반대하기 때문이다. 따라서 대통령과 국회는 끝없이 평행선을 달리면서 국정은 마비된다. 서로 대립하는 대통령과 국회는 무조건 상대방을 반대하고, 서로를 비난하면서 정국은 혼란에 빠진다.

그러므로 현행 대한민국헌법에 따르면 어떤 경우에도 행정권과 입법권 사이에는 견제와 균형은 존재할 수 없고, 따라서 그 피해는 고스란히 국민에게 귀결되고 있다.

찌그러진 대한민국은 다른 나라의 비웃음을 사거나, 국민을 제대로 보호하지 못하게 되었다. 그것은 국가의 형태가 찌그러지면, 국가는 왜소해지면서 볼품이 없어지고, 국가권력이 영향을 미칠 수 있는 범위가 좁아지기 때문이다.

왜소해지면서 볼품이 없어진 대한민국은 대통령이 이웃나라의 정상으로부터 수모를 당하거나, 대한민국의 주권이 제한당하거나, 대한민국 국민이 모욕당하거나, 국가의 영토를 침범당하거나, 대한민국의 기업이 외국에서 불공정하게 불이익을 당해도 제대로 된 항의조차 못하게 되었다.

국가권력이 영향을 미치는 범위가 좁아진 대한민국은 모든 국민을 국가라는 우산으로 충분히 보호할 수 없게 되었다. 따라서 힘없는 사회적 약자부터 국가권력의 바깥으로 노출되면서 삶을 위협받고 있다. 찌그러진 대한민국은 국민이 위험에 빠져도 방치하고, 국민의 경제활동을 충분히 뒷받침하지 못하며, 사회적 약자의 삶을 충분히 보장하지 못하고 있는 것이다.

국민중심제헌법

수레바퀴원리로 국가권력구조를 짠 헌법을 '국민중심제헌법'이라고 이름 지었다. 국민중심제헌법은 대통령중심제·의회중심제·정당중심제헌법과는 달리 국민이 국가의 중심에 자리 잡고 있는 헌법이라는 의미다.

국민중심제헌법의 권력구조의 한 가지 예를 그림으로 표현해 보았다. 국민이 국가권력구조의 중심에 자리 잡고, 그 주변을 장구통 형태의 국가조직이 에워싸고 있으며, 그 주변에 7개의 분립된 권력들이 바퀴살처럼 배치되고, 가장 바깥에 공무원조직이 감싸고 있는 형태다. 이는 수레바퀴와 동일한 형태다. 이렇게 국민중심제헌법은 수레바퀴와 똑같은 형태, 똑같은 원리로 만들어진다.

국민중심제헌법의 권력구조

국민중심제헌법의 권력구조의 핵심은 국민과, 장구통 형태의 국가조직이다. 국민은 국가권력구조의 중심에 자리 잡고, 장구통 형태의 국가조직은 국가권력구조의 한가운데에서 국민의 주변을 감싸고서 국민을 보위하게 된다.

장구통 형태의 국가조직을 '국가중심체'라고, 장구통 형태의 국가조직의 구성원을 '국가중심인'이라고 이름을 지었다. 국가중심체는 국가의 중심에서 국가권력을 조율하고 국민을 보위하는 조직이라는 의미이고, 국가중심인은 국가의 중심을 수호하는 권력자라는 의미다. 국가중심인은 국민으로부터 국가최고권력을 부여받아 국가중심체의 구성원이자 분립된 권력의 수장으로서 모든 국가기관을 통할하게 된다.

국가중심체로부터 바퀴살처럼 사방으로 펼쳐진 국가조직은 7개의 분립된 권력들로서, 국가중심체로부터 특정 분야의 권력을 부여받아 해당 분야를 총괄하는 역할을 수행한다.

분립된 권력들의 외곽을 감싸고 있는 국가조직은 공무원조직으로서, 국가행위를 실제로 실행하게 된다.

국가권력의 중심축으로서의 국민은, 매년 직접 선거로 한 사람씩 7명의 국가중심인들을 차례로 선출하여 국가중심체를 구성하고, 국가중심체에 국가최고권력을 위임하고, 국가중심체를 통해 전체국가권력을 작동시킨다.

7인의 국가중심인들은 국가중심체에서 동등한 권한을 가진다. 7인의 국가중심인들은 협의체 형식으로 국가중심체를 운영하고, 국정전반에 대해 공동으로 국가의사를 결정한다.

국가중심체는 국민으로부터 위임받은 권력을 그 성격에 따라 국무(국방·외교·안보·통일·정보)·입법(국회·지방자치)·정무(경제·국토·일반 행정 등)·사법(법원·헌법재판·선거관리)·건강(환경·보건·복지 등)·법무(검찰·경찰 등)·교육(교육·문화·체육 등)의 7개로 나누어, 7개의 분립된 권력들에게 해당 권력을 재위임한다.

7인의 국가중심인들은 7년 동안 교육총리·법무총리·건강총리·대법원장·정무총리·국회의장·통령의 순으로 1년씩 돌아가며 차례대로 분립된 권력들의 수장의 직무를 수행한다. 따라서 국가중심체와 분립된 권력들은 7명의 국가중심인들을 매개로 단단하게 통합된다.

국민중심제헌법은 국가중심인의 수를 3인 이상의 다수로 하고, 그 의사결정을 일정한 숫자 이상의 국가중심인의 동의가 있어야 하는 것으로 규정한다. 따라서 국가중심인의 수는 3, 5, 7, 9와 같은 홀수가 될 수도 있고, 4, 6, 8, 10과 같이 짝수가 될 수도 있다.

따라서 동일한 권한을 지닌 7인의 국가중심인들이 7개의 분립된 권력의 수장을 1년씩 책임지면서 협의체형식으로 국가중심체를 운영할 수도 있고, 동일한 권한을 지닌 6인의 국가중심인들이 6개의 분립된 권력의 수장을 1년씩 책임지면서 협의체형식으로 국가중심체를 운영할 수도 있다.

국민은 대칭적인 국가권력의 정점에 자리 잡고, 그 주변을 동일한 권력을 보유한 7인의 국가중심인들로 구성된 국가중심체에 의해 보위되고, 국가중심체는 대칭적으로 펼쳐진 7개의 분립된 권력들과 공무원조직에 의해 지지된다.

이제 국가권력의 중심에 자리 잡은 국민은 권력의 정점에서 국가최고권력을 실질적으로 행사하게 된다. 국민은 국가중심인과 국회의원선거권, 지방정부구성권, 중요정책과 헌법 개정에 대한 국민투표권, 국가중심인에 대한 탄핵결정권 등은 직접 행사하고, 나머지 권력은 국가중심체와 국회에 해당 선거의 유권자 수에 비례하여 위임한다.

따라서 전체 국민의 일곱 번의 직접선거로 선출된 7인의 국가중심인으로 구성되는 국가중심체는, 전체 국민의 한 번의 선거로 선출된 300인의 국회의원으로 구성되는 국회에 비해 약 7배에 해당하는 권력을 위임받게 된다.

국가중심체는 국민으로부터 위임받은 권력 중, 분립된 권력들에 대한 통할권과 고위직에 대한 인사권 등 국정과 관련한 중요한 사항은 7인의 국가중심인이 협의하여 국가중심체에서 직접 행사하고, 나머지 권력은 그 성격에 따라 7개로 분할하여 국무·입법·정무·사법·건강·법무·교육에 재위임한다. 이로써 국민으로부터 방사된 권력은 국가중심체를 거쳐 모든 국가기관으로 순차적으로 퍼져나가고, 국민은 국가중심체를 비롯한 모든 국가기관을 빠짐없이 통할하게 된다.

따라서 국가업무를 담당하는 모든 공무원은 자신의 임명권자가 국민이고, 자신이 담당하는 업무의 목적 또한 국민이며, 자신은 국민의 의지에 따라 움직이고, 자신의 주인은 국민이라는 사실을 뼛속 깊이 새기게 된다. 그러므로 공무원이 국민 위에서 군림하는 행태는 완전히 사라지게 되고, 링컨 대통령의 '국민의, 국민에 의한,

국민을 위한 정부'는 현실에서 완벽하게 구현된다.

국민중심제헌법에서 국민이 전체국가권력을 통할하는 과정은 단전이 몸을 움직이는 과정과 동일하게 진행된다. 단전이 몸의 중심에 자리 잡고 몸이 일체화되면, 단전은 몸 전체를 유기적으로 움직인다. 단전이 어떤 의도를 가지면, 그에 따라 몸 전체가 유기적 일체로 작동하여 골반, 척추, 팔과 다리의 순서로 움직이는 것이다.

마찬가지로 국민중심제헌법에서 국민이 국가의 중심에 자리 잡고 국가가 일체화되면, 국민은 국가권력구조 전체를 유기적으로 작동시키게 된다. 국민이 어떤 뜻을 가지면, 그 뜻에 따라 국가권력 전체가 유기적 일체로 작동하여 국가중심체, 분립된 권력들, 공무원조직의 순서로 작동하면서 국가는 자연스럽게 굴러가게 된다.

그러므로 국가는 가장 효율적으로 운영된다. 최소한의 에너지로 최대치의 효과를 거두는 것이다. 따라서 국가가 작동함에 따라 소음이 발생하지 않고 모든 국가 행위는 조용하면서 매끄럽게 진행된다.

국민중심제헌법을 채택하면

국민중심제헌법에서 정당제는 폐기된다. 왜냐하면 정당제는 불완전한 권력분립이론을 보완하기 위해 나온 것이므로, 완전한 권력분립이 이루어진 국민중심제헌법에서는 불필요하기 때문이다. 따라서 국민중심제헌법은 정당인은 국가중심인으로 선출될 수 없음은 물론 국회를 제외한 어떤 분립된 권력의 구성원이 될 수 없고, 국회의원선거 이외의 어떤 선거에도 출마할 수 없도록 규정한다.

그렇다고 정당 자체를 금지하는 것은 아니다. 정당의 구성원이 국회 이외의 국가조직으로 진출하는 것이 제한될 뿐이다. 따라서 개인들이 자금을 갹출하여 정당을 설립·운영하고, 정당의 구성원이 국회의원으로 당선되어 국가를 위해 활동하는 것에는 아무런 문제가 없다.

정당이 국가중심체에 간여할 수 없으므로, 여당과 야당의 구분이 없어지므로 정당들이 정권을 쟁취하기 위해 치열한 다툼을 벌일 이유도 사라진다. 그 대신 국회에서는 정당 간의 실용적인 정책대결의 장이 펼쳐진다. 자연히 정당은 국민의 다양한 의견을 수렴하고 훌륭한 정치인을 발굴하여 추천하는 역할만을 담당하므로 정당을 중심으로 한 국민들의 분열도 사라진다.

정당에 의해 국민이 분열되지 않으므로, 국회의원 선거는 조용하면서도 실용적으로 치러지게 되고, 정당에 막대한 국고를 지원하지 않아도 되므로 국고도 보전되며, 정당에 주어지는 특혜인 비례대표제도 폐지되므로 투표의 공정성도 확보된다. 또한 정당이 지방정부에 간여할 수 없으므로, 지방정부가 정당에 의해 분열되는 일이 생기지 않게 되고, 지방자치선거도 조용하면서도 실용적으로 치러지게 된다.

또한 정치지망생들은 정당의 공천을 받지 않고도 자유롭게 정치에 입문할 수 있게 되므로 정당이 국민의 공무담임권을 침해할 수 없게 되고, 정당으로 인해 국민이 분열되지 않게 된다. 국민이 분열되지 않으므로, 정당이 국회의원에게 당론(黨論)이나 당심(黨心)을 강요할 수 없게 되고, 따라서 더 이상 국회의원의 자율권이 정당에 의해 침해되지 않으므로 모든 국회의원들은 정치를 시작했을 때 지닌 초심을 잃지 않게 된다.

정당이 권력의 핵심에서 제거되므로 국민은 더 이상 정당에 의해 휘둘리지 않게 되고, 국가권력의 중심에서 밀려나지 않게 되므로, 언제나 정권은 국민의 손에 있고 국민 이외의 어떤 정치세력도 정권을 잡을 수 없게 된다. 따라서 특정 정당이나 개인이 수십 년 동안 정권을 잡겠다는 오만한 발상은 있을 수 없게 된다.

국민중심제헌법에서 국가의 형태는 대칭형으로 사방팔방으로 최대한 펼쳐지게 된다. 왜냐하면 분립된 권력들의 크기가 똑같기 때문이다. 또한 국민중심제헌법에 따라 권력이 분립되면서 펼쳐지는 대한민국의 넓이는 단순히 하나의 권력을 일곱으로 나누고, 그 나누어진 권력들이 펼쳐진 넓이보다 훨씬 더 크다. 왜냐하면 분립된 권력 하나하나는 국가중심체에 그 힘의 근원을 두게 되므로, 국가중심체의 권력의 크기가 분립된 권력 하나하나의 크기가 되고, 따라서 국가는 훨씬 더 넓게 펼쳐지기 때문이다.

그러므로 최대한 활짝 펼쳐진 대한민국은 그 자체로 크고 당당하게 된다. 따라서 다른 나라가 대한민국의 대통령을 조롱하거나 우습게 여길 수 없게 되고, 터무니없는 이유로 대한민국의 주권을 제한하거나, 대한민국과 대한민국 국민을 모욕할 수 없게 된다.

또한 대한민국의 국민은 단 한 사람의 예외도 없이 넓게 펼쳐진 국가의 그늘에서 안정된 삶을 누리게 된다. 국내에 있든 국외에 있든, 남녀노소, 지역을 불문하고 모든 국민은 대한민국의 혜택을 골고루 누리는 것이다. 그러므로 한 사람이 과도하게 탐욕을 부려 무리하게 재산을 늘리는 일도 점차 줄어들게 된다. 왜냐하면 활짝 펼쳐진 대한민국에서는 더 이상 탐욕을 부릴 필요가 없기 때문이다. 그것은 몸이 찌그러지면 특정 부분의 세포들이 과도하게 영양분을 끌어들여 몸이 비대해지지만, 단전이 몸의 중심에 자리 잡으면 더 이상 세포들은 욕심을 부리지 않게 되면서 몸이 반듯하게 되는 것과 같은 원리다.

국민중심제헌법에서는 권력분립이 완벽하게 이루어진다. 왜냐하면 분립된 권력들의 수장을 동일한 권력을 지닌 국가중심인들이 1년씩 돌아가며 맡기 때문이다. 따라서 분립된 권력들의 성격과는 관계없이 분립된 권력들의 힘의 크기는 완전히 똑같고, 시간이 흘러도 힘의 균형이 분립된 권력 중의 하나로 집중될 수 없게 된다. 그러므로 국민중심제헌법에 따라 국가권력구조를 짜면 그동안 불완전한 권력분립으로부터 비롯되던 수많은 문제들은 한꺼번에 사라지게 된다.

먼저 '사법권독립'이라는 용어부터 사라진다. 사법권독립이란 용어 자체가 사법권이 독립하지 못했음을 반증하는 것이다. 하지만 국민중심제헌법에서는 사법권을 비롯한 분립된 권력들은 성격만 다를 뿐 그 크기는 완전히 똑같으므로 사법권의 독립을 침해할 수 있는 권력은 처음부터 존재하지 않는다. 따라서 대법원장이 사법부의 조직과 예산을 따기 위해 대통령의 비위를 맞춤으로써 국민의 권리가 침해되는 일 따위는 다시는 일어날 수 없게 된다.

마찬가지로 검찰권독립이라는 용어도 사라지게 된다. 현행헌법에서는 검찰권을 행정권력의 하나로서 대통령의 예하조직으로 두고 있다. 따라서 대통령은 막강한 검찰권을 자신의 구미에 맞게 쓰고 싶어하므로 검찰권독립이라는 용어가 생기게 되었다. 그러나 국민중심제헌법에서는 검찰권을 분립된 권력 중의 하나로 격상시켜 그 수장을 국가중심인이 맡게 된다. 따라서 검찰권의 독립을 침해하는 권력은 처음부터 존재할 수 없게 된다. 또한 검찰과 경찰은 하나의 권력으로 통합되어 7인의 국가중심인들에 의해 통제되고, 검사들과 경찰들은 자신들의 주인이 국민이라는 점을 뼈저리게 인식하게 되므로 검찰권과 경찰권이 대립하거나 남용되는 문제 또한 사라지게 된다.

그리고 대통령과 국회가 정당을 매개로 하나의 몸처럼 움직이거나, 도저히 함께할 수 없는 사이가 되는 일은 있을 수 없다. 왜냐하면 정당의 구성원은 국가중심인이 될 수 없기 때문이다. 그러므로 국회는 분립된 권력들의 수장이 제출한 법률안과 예산안을 무조건 통과시키거나, 무슨 이유를 들어서라도 통과시키지 않으려고 방해할 이유가 사라진다. 따라서 국회의원들은 오로지 국가와 국민의 이익이라는 관점에서 국무를 처리하게 된다. 만일 일부 정당이 이념이라는 관점에서 국가를 한쪽으로만 몰고 가려 하면 국가중심체에 의해 제지되므로 정당의 당파적인 의도는 국정에 투영될 수 없게 된다.

국민중심제헌법에서는 부정부패라는 용어도 사라지게 된다. 국민중심제헌법은 현행헌법의 대통령의 권한을 국무·정무·건강·법무·교육, 5개의 권력으로 분립하고, 입법·사법과 함께 그 수장들을 7인의 국가중심인들이 돌아가며 맡게 된다.

따라서 어느 누구도 지금의 대통령과 같이 막대한 권한을 독점적으로 행사할 수 없고, 7인의 국가중심인들은 14개의 눈으로 국가중심체를 비롯한 모든 국가권력들을 주의 깊게 바라보게 되므로, 더 이상 국가중심체의 통제에서 벗어난 권력의 사각지대는 존재할 수 없게 된다.

여기에 국민은 국가의 중심에서 공의 눈으로 국가 전체를 언제나 주의 깊게 바라보게 되므로, 고위공직자부터 지방의 말단 공무원에 이르기까지 사사로운 이익을 위해 권력을 동원하여 부정부패를 저지르는 것은 불가능하게 된다.

국민중심제헌법에서는 1인의 지도자가 국가를 이끌게 됨으로써 발생하는 위험성과 비합리성, 분열과 불신은 존재하지 않는다. 1인의 지도자가 국가를 이끄는 경우, 그 1인이 어리석거나, 특정 이념에 빠져 국가를 엉뚱한 방향으로 이끌거나, 신체적으로 유약하거나, 사고를 당하여 임기 중에 국정이 중단되면 국가는 엄청난 위기에 직면하게 된다.

합법적인 선거를 통해 그 1인의 지도자가 다른 사람으로 교체되어도 그때마다 국가는 홍역을 치르게 된다. 선거 때마다 국민들은 지지하는 후보에 따라 극렬하게 분열하여 서로 다투고, 그 앙금은 다음 선거 때까지 그대로 이어진다. 선거에서 패배한 후보·정당·지지자들은 다음 선거에서 승리하기 위해 이를 갈며 준비하게 되고, 승리한 후보·정당·지지자들은 다음 선거에서도 승리하기 위해 수단과 방법을 가리지 않고 정권을 지키려 하기 때문이다.

또한 새로운 지도자는 앞선 지도자의 정책을 하루아침에 뒤집음으로써 국가적인 손실을 초래하고, 앞선 지도자들의 문제들을 낱낱이 수사하여 형사적으로 처벌하는 일도 정권이 바뀔 때마다 일어나게 된다.

따라서 1인의 지도자를 선출하는 선거를 하면 할수록 국가는 분열되고, 국가에는 존경받는 어른이 남아나지 않게 되며, 국가적인 에너지는 낭비된다.

하지만 국민중심제헌법에서는 7인의 국가중심인으로 구성된 국가중심체가 집단지성을 바탕으로 최선의 의사결정을 하므로 국가가 엉뚱한 방향으로 가지 않게 되고, 어느 한 국가중심인에게 문제가 발생하더라도 국가중심체는 계속적으로 유지되므로 국정이 안정되며, 국민의 직접선거에 의해 1년에 1명씩의 국가중심인만 교체되므로 국정은 조용하면서도 일관성을 유지하게 된다.

또한 국민중심제헌법은 한 번이라도 국가중심인선거에서 낙선한 사람은 다시는 국가중심인으로 출마할 수 없도록 규정한다. 따라서 국가중심인으로 당선될 때까지 반복해 출마하여 국가를 분열시키는 일은 일어나지 않게 된다. 하지만 낙선자는 그 인품에 따라 국가원로로서 대접받고, 당선된 국가중심인은 국가중심체의 일원으로서 업무를 수행한 후 명예롭게 퇴임한 후 국가원로가 된다.

따라서 적어도 1년에 1명 이상씩 국가적인 어른들이 배출되는 과정이 반복되므로 얼마 지나지 않아 국가에는 존경받는 어른들이 넘쳐나게 되고, 국민들은 이를 자랑스럽게 여기므로 국가중심인선거를 거듭할수록 국민은 하나로 통합된다.

국가중심인선거가 1년에 1차례씩 실시되지만, 국가중심인선거에 정당이 개입할 수 없고, 국가적인 사안을 국가중심인 1인이 독단적으로 결정할 수 없으므로 무책임하게 선거공약을 남발할 수 없게 된다. 따라서 국가중심인으로 당선되기 위해 선거사무실을 차리고 사람들을 모으면서 분잡을 떨거나 돈을 쓸 이유도 없어지므로, 국가중심인선거는 조용하면서도 실용적으로 치러지게 된다.

국가중심인

‘중심인’은 자신의 몸에서 중심을 발견하고, 그곳에 자리 잡은 사람이다. 자신의 몸에서 중심을 발견하고, 그곳에 자리 잡은 중심인만이 국가의 중심도 잡을 수 있다. 그러므로 국가중심인은 반드시 중심인 중에서 선출해야한다.

중심인은 단전이 몸의 중심에 자리 잡은 사람이다. 그러므로 중심인은 몸의 형태가 반듯하다. 중심인은 반듯하게 앉고 서고 걷고 깊이 호흡한다. 따라서 중심인의 신발 뒷굽도 반듯하게 닳는다. 중심인은 척추가 반듯하므로 얼굴도 반듯하고, 현빈곡은 목에서 천골까지 깊고 뚜렷하게 형성된다. 중심인은 단전으로부터 깊고 웅장한 소리를 발산한다. 따라서 어떤 사람의 모습을 보거나, 그 사람이 말하는 소리만 들어도 그가 자신의 내면에서 중심을 발견했는지를 알 수 있다.

또한 중심인은 언제나 사랑과 기쁨과 진리로 존재한다. 그것은 중심의 본성이 사랑이자 기쁨이며 진리이기 때문이다. 그러므로 중심인은, 최고의 음악가가 흩어져 있는 음들을 사랑으로 엮어 아름다운 화음을 창조하듯이 모든 사람을 사랑이라는 현상 안으로 끌어들여 하나의 가족으로 엮고, 최고의 시인이 기쁨으로 노래하듯이 이 세상을 기쁨으로 찬미하며, 최고의 과학자가 흩어진 지식들을 하나로 엮어 불변의 법칙을 발견하듯이 모든 것을 진리의 눈으로 꿰뚫어본다.

그러므로 중심인은 몸과 마음이 물처럼 유연하며 자연스럽고, 이것과 저것으로 나누어 구별하지 않으며, 전체를 한꺼번에 보고, 모든 것을 하나로 여긴다. 그런 중심인이 국가중심인으로 선출되면, 국가중심체는 국민과 더불어 단단하게 하나로 통합되면서 미묘한 사랑이 전체 국민을 하나로 묶어주므로, 그 나라는 정말 살기 좋은 나라가 된다.

그러나 몸이 경직된 사람, 허리와 등이 구부정하거나 몸이 좌·우로 휜 사람, 얼굴이 비뚤어진 사람, 목이 거북목처럼 앞으로 나온 사람, 반듯하게 앉거나 서지 못하는 사람, 다리를 벌리고 어정거리며 걷는 사람, 단전으로 호흡하지 못하는 사람이 몸의 중심을 찾았을 가능성은 없다. 또한 몸이 반듯한 것처럼 보이더라도 거짓말을 일삼는 사람, 흉포한 언어를 사용하는 사람, 말로써 편을 가르는 사람, 다른 사람을 비난하고 증오하는 사람, 자신이 당선되면 어떤 것을 하겠다고 공허한 약속[空約]을 남발하는 사람은 속과 겉이 다른 사람이고, 중심인과는 거리가 먼 사람이다.

그런 사람은 몸과 마음이 경직된 사람이고, 특정 이념·지식·집단·이익·종교·도덕·계율 등의 틀 속에 갇혀 세상을 나누고 구분하여 그 가운데 일부만을 선택하는 사람이다. 그런 사람은 아직도 잠자고 있는 사람이고, 내면이 분열된 사람이며, 집착을 사랑으로 증오를 정의로 여기는 사람이다.

그런 사람이 국가중심인으로 선출되면, 그 나라는 말이 지배하는 속 빈 강정과 같은 나라가 되면서, 국가중심체는 분열되고 그로부터 확산되는 불신이 전체 국민을 뿔뿔이 흩어지게 하므로 국가는 무너지게 된다.

정의(正義)란 무엇인가

대한민국에는 사법부와 검찰의 독립문제, 대통령권한의 축소문제, 적폐척결문제, 빈부격차의 문제, 국회의원자율권의 문제, 대통령과 국회의 과도한 밀착문제, 대통령과 국회의 소통문제, 여당과 야당의 극렬한 대립문제, 정당민주화의 문제, 어리석거나 특정 이념에 치우친 대통령의 문제, 정권이 바뀔 때마다 정책이 단절되는 문제, 정당의 공천문제, 국민이 분열되는 문제, 인구가 줄어드는 문제 등등 시급히 해결해야 할 수많은 문제들이 산적해 있다.

이런 문제들을 하나씩 해결하려 든다면 수백 년이 흘러도 결코 해결할 수 없을 것이다. 왜냐하면 이런 문제들은 서로 얽혀있기 때문에 한 가지 문제를 해결하려 든다면 더 많은 문제들이 생기면서 모든 문제들은 더 복잡하게 얽히기 때문이다.

모든 문제들은 중심의 문제가 주변으로 확산되면서 나타나는 지엽말단적인 증상에 불과하다. 국가권력구조가 찌그러져 국민이 국가의 중심에 자리 잡지 못함에 따라, 국가의 모든 것들이 분열되면서 수많은 문제들이 날마다 끊임없이 꼬리를 물고 등장하는 것이다.

그러므로 국가의 중심에 국민이 자리 잡는 순간 모든 문제들은 한순간에 증발하듯이 사라지게 될 것이다. 그것은 미네랄밸런스를 회복함으로써 세포의 중심에 세포핵이 자리 잡는 순간 모든 질병들이 순식간에 사라지는 것과 같은 원리다.

지금 적폐청산작업이 한창이다. 두 명의 전직 대통령들이 구속되어 재판을 받고 있고, 전직 대법원장을 비롯한 고위 관직을 역임한 권력자들도 구속되어 있다. 지금 정권을 잡고 있는 세력은 과거의 모든 잘못을 처벌함으로써 정의를 바로 세우겠다고 한다.

또한 적폐라고 몰리는 사람들이 저질렀던 것과 똑같은 행태가 현 집권층에서도 행해지고 있다는 사실이 수시로 드러나면서 국민들이 분노하고 있다. 이에 야당은 자신들이 다시 정권을 잡으면 지금 잘못을 저지르고 있는 현 집권층의 권력자들도 똑같이 처벌해서 진정한 정의가 무엇인지 보여주겠다며 벼르고 있다.

전직 대통령들과 전 대법원장을 감옥에 가두고 부정부패를 저지른 자들을 모두 단죄한다고 정의가 실현되는 것은 아니다. 왜냐하면 이와 같은 일들은 끝없이 반복될 것이기 때문이다. 그런 것들은 같은 차원에서 벌어지는 똑같은 게임에 불과하다.

불의(不義)가 나뭇잎이라면, 불의를 범한 자를 처벌하는 것은 나뭇잎을 따버리는 것이다. 그러나 불의라는 나무는 잎사귀 하나를 따내면, 3개의 잎사귀를 내밀면서 더욱더 거대하고 무성해진다. 따라서 잎사귀를 하나씩 따내는 방식으로는 정의를 구현할 수 없다.

정의는 하나다. 정의는 여러 개일 수 없다. 하나로 존재하는 정의는 모든 불의의 뿌리를 한꺼번에 잘라버린다. 정의로워지는 순간 수많은 불의들은 한순간에 사라지는 것이다.

중심은 정의다. 중심이 바로 설 때 정의는 구현된다. 국가적 정의는 국가의 중심에서 비롯된다. 그러므로 국가의 중심이 바로 서는 순간 모든 국가적인 불의는 한꺼번에 사라지게 된다.

국민중심제헌법은 국가의 중심을 바로 세움으로써 불의의 뿌리를 잘라버리는 정의의 칼이다. 국민중심제헌법은 수많은 불의의 뿌리를 한꺼번에 잘라버림으로써 다시는 똑같은 불의가 반복되지 못하게 할 것이다.

새로운 시대로

헌법은 국가운영시스템이다. 컴퓨터의 효율성은 컴퓨터운영시스템이 좌우하고, 국가의 효율성은 국가운영시스템이 좌우한다. 똑같은 컴퓨터라도 운영시스템이 MS-DOS에서 Window로 바뀌면 완전히 다른 컴퓨터가 된다. 하드웨어는 똑같더라도 작업의 속도와 효율성 등에서 비교할 수 없을 정도로 컴퓨터의 성능이 향상된다. 국가도 마찬가지다. 기존의 국가운영시스템에서 국민중심제 국가운영시스템으로 바뀌면 인구·국토 등 국가의 하드웨어는 그대로라도 그 나라의 성능은 믿을 수 없을 정도로 업그레이드된다.

그러므로 국민중심제헌법을 가장 먼저 채택한 국가는 다른 국가들에 비해 가장 빠르게 발전하여 지구촌을 이끌게 될 것이다. 왜냐하면 국민중심제헌법은 가장 효율적인 국가운영시스템이기 때문이다.

상대적으로 효율적인 국가운영시스템을 채택함으로써 세계사를 지배한 좋은 예가 영국과 미국이다. 영국은 17세기에 상대적으로 효율적인 의회중심의 입헌군주제 국가운영시스템을 세계 최초로 채택하여 약 200년간 지구촌을 주도할 수 있었고, 미국 역시 그 시대에 상대적으로 효율적인 대통령중심제 국가운영시스템을 세계 최초로 채택함으로써 영국에 이어 지금까지 약 100년 동안 지구촌을 이끌고 있다.

국민중심제헌법은 가장 효율적인 국가운영시스템이다. 왜냐하면 국민중심제헌법은 우주의 원리에 따라 만들어졌기 때문이다. 우주는 가장 효율적인 운영시스템이다. 미세한 원소 한 알부터 끝없이 장대한 전체우주에 이르기까지, 우주의 모든 것은 우주의 원리에 따라 만들어졌을 때 가장 효율적으로 작동하게 된다.

우주보다 더 효율적인 시스템은 있을 수 없다. 그것은 수레바퀴와 자동차바퀴를 보면 알 수 있다. 수레바퀴는 수천 년 전의 발명품이고 자동차바퀴는 최첨단과학기술의 결정체임에도 두 가지는 본질적으로 똑같은 형태다. 아무리 최첨단과학이라도 우주의 원리에 따라 만들어진 수레바퀴보다 더 효율적인 시스템을 만들 수 없었던 것이다.

마찬가지로 우주의 원리에 따라 만들어진 국민중심제헌법은 앞으로도 가장 효율적인 국가운영시스템이라는 점에는 변함이 없을 것이다. 따라서 국민중심제헌법을 가장 먼저 채택한 국가는 가장 빠르게 발전하여 지구촌을 이끌 것이다. 그에 따라 지구촌의 모든 국가들도 국민중심제헌법을 채택할 수밖에 없으므로, 조만간 모든 국가들의 국가운영시스템은 국민중심제헌법으로 통일될 것이다.

지구촌 국가운영시스템이 국민중심제헌법으로 통일되면, 지구촌은 하나의 국가로 통합될 것이다. 그것은 Window로 컴퓨터운영시스템이 통일되면서 전 세계의 컴퓨터들이 하나로 통합된 것과 같은 이치다.

하나로 통합된 지구촌은 하나의 지구공화국을 창설할 것이다. 지구공화국 또한 가장 효율적이고 민주적인 국민중심제헌법으로 운영될 것이고, 지구공화국의 권력구조의 한가운데에는 장구통 형태의 권력조직이 설치될 것이며, 그 중심에는 권력의 중심축으로서 전 인류가 자리 잡게 될 것이다.

이렇게 만들어진 지구공화국에서 인류는 미증유의 번영을 누릴 것이고, 지금까지 인류가 여러 개의 국가로 분열됨으로써 비롯되던 수많은 문제들은 한순간에 해결될 것이다. 기아·빈곤·전쟁·약탈·지구온난화·에너지·독재·무역전쟁·채무·성장·분배 등등 그동안 인류를 고통스럽게 했던 수많은 문제들은 한순간에 그 뿌리가 잘리면서 사라지고, 인류는 새로운 시대로 진입하게 될 것이다.

국민중심제헌법은 지구촌의 밑바닥부터 꼭대기까지 모든 것을 완전히 갈아엎고 재배열할 것이다. 그것은 권력의 중심이 국민과 인류로 교체되고, 국민과 인류가 모든 국가와 지구촌의 중심에서 강력한 구심력을 발휘할 것이기 때문이다. 따라서 모든 요소들은 국민과 인류를 중심으로 재배열되면서 자기 자리를 찾아가게 될 것이다. 눈이 있어야 할 곳에 눈이, 귀가 있어야 할 자리에 귀가 있게 되는 것이다. 뒤죽박죽으로 뒤엉켜 있던 모든 것들은 제자리를 찾게 되는 것이다.

그 과정에서 깊숙이 뿌리내리고 있던 구시대의 낡고 칙칙한 요소들은 저절로 물러가고 새로운 질서가 드러날 것이다. 낡은 이념·낡은 생각·낡은 지식·낡은 정치·낡은 권위·낡은 시스템 등등, 낡은 시대는 가고 새로운 시대가 열릴 것이다. 물론 그 과정에, 욕망에 사로잡힌 정당과 독재자들, 작은 지식에 매몰된 전문가들, 다른 사람의 이론만 달달 외워 말로만 떠드는 학자들을 비롯한 기존의 크고 작은 권력자들의 저항은 있을 것이다. 하지만 그것은 굴러가는 수레바퀴를 막아서는 사마귀 꼴이 될 것이다.

그러므로 국민중심제헌법을 만들고, 그에 따라 지구촌의 모든 것들이 재배열되면서 하나로 통합되는 과정은 '거대한 혁명'이 될 것이다. 그것은 총·칼도 없고, 구호도 없고, 깃발도 없고, 성난 군중도 없는 '조용한 혁명'일 것이고, 불의의 뿌리를 잘라버리는 '정의의 혁명'일 것이다.

그 혁명 속에서 '새로운 문명'이 일어날 것이다. 새로운 문명에 비하면 기존의 문명은 문명이라고 칭하기에도 부끄러울 것이다. 새로운 문명의 정치·경제·사회·문화·종교·교육 등등은 기존의 문명과

질적으로 완전히 다를 것이다.

지금 지구촌은 엄청난 전환의 시기를 겪고 있다. 이제는 누구라도 그것을 느낄 수 있다. 이것은 전에 없던 일이고, 앞으로도 이렇게 중대한 전환의 시기는 두 번 다시 오지 않을 것이다. 낡은 시대는 가고 새로운 시대가 열리고 있다. 지구촌을 시체처럼 질질 끌며 유지해온 낡은 시대를 마감할 때가 되었다. 낡은 시대는 제 스스로 무덤을 파왔고, 지금 그 무덤 옆에 서 있다. 약간만 밀면 된다. 국민중심제헌법에 의해 국민과 인류가 모든 국가와 지구공화국의 중심에 자리 잡으면, 낡은 시대는 스스로 무덤 속으로 굴러떨어지고 새로운 시대, 새로운 문명이 열릴 것이다.

이 글을 쓰기까지

2016년경 혼란스럽게 펼쳐진 대한민국 정치는 국가의 중심에 대해 본격적으로 탐구하는 계기를 마련해 주었다. 당시 대통령과 집권여당의 우스꽝스러운 행태와 야당의 무능함에 국민들은 실망했었다. 또한 그 이전과 그 이후에 지구촌 각국에서 펼쳐졌던 정치행태를 살펴보면서, 모든 국가의 정치행태 또한 최근 몇 년 동안 대한민국에서 펼쳐지고 있는 것과 정도의 차이만 있을 뿐 그 본질은 그다지 다르지 않음도 알 수 있었다.

지구촌의 국가들은 하나처럼 국가의 중심에서 국민은 밀려나 있었고, 그 자리를 정당이 꿰어차고 있었으며, 그 정당의 핵심을 차지하고 있는 한 개인은 이미 독재자가 되어 있거나 가능하면 독재자가 되기를 열망하고 있었고, 그로 인해 정치·경제·사회·문화의 모든 것들이 왜곡되고 있었다.

그 원인에 대해 숙고한 결과 국가라는 조직의 시스템에서 모든 문제가 비롯되고 있음을 깨달았다. 그래서 국가운영시스템의 문제점을 한꺼번에 해결할 수 있는 방안을 고심한 결과 '국민중심제헌법'을 고안하게 되었다.

그 후 관웅(觀雄) 스님을 만나게 되었다. 관웅 스님은 호흡·명상·

태백권 수련을 통해 붓다의 경지에 도달하신 분이시다. 그날부터 관웅 스님의 가르침에 따라 호흡·명상·태백권을 수련하게 되었다.

태백권은 고대에 우주의 이치를 통달한 도인들에 의해 창안되어 스승과 제자 사이에 은밀히 전수되어 오늘에 이르고 있는 한민족 고유의 전통무술이다. 그 사이에 때때로 태백권이 명맥이 끊긴 경우도 있었지만 그때마다 천재적인 도인들이 등장하여 태백권의 명맥을 되살리곤 했다. 관웅 스님과 관웅 스님의 스승이신 도현(道玄) 도인 또한 그런 분들이시다.

태백권이 무엇인가를 숨기거나 감추기 위해 은밀히 전수되어 내려온 것은 아니다. 태백권은 누구에게나 개방되어 있었다. 하지만 태백권의 이치가 너무도 오묘해서 스승과 제자라는 신뢰관계가 형성되지 않으면 도저히 전수가 불가능했기에 은밀히 전수될 수밖에 없었다. 몸의 자세와 움직임을 통해 중심의 비밀을 일일이 전수할 수밖에 없는 태백권의 원리는 글로 표현할 수 없을 정도로 오묘했기에 개인적으로만 전수가 가능했던 것이다. 하지만 이제는 태백권이 세상에 널리 알려져 사람들을 도울 때가 되었다.

국가의 중심에 대한 생각을 놓지 않고 있던 필자는 명상과 태백권을 수련하면서 모든 동작과 수련과정이 몸의 중심을 강화함으로써 몸과 마음을 초월하는 경지에 이르게 하는 수련법이라는 것을 알 수 있었다.

그 후 호흡·명상·태백권을 수련하면서 놀라운 변화를 직접 체험하게 되었다. 우선 몸의 형태가 몰라보게 달라졌는데, 굽었던 척추와 한쪽 옆으로 돌아갔던 골반이 바르게 자리 잡게 되었고, 하체는 단단해지면서 서서히 단전이 몸의 중심에 자리 잡게 되었다. 그에 따라 반듯하게 앉고 서고 걷는 것이 가능해졌고, 단전으로 깊이 숨 쉬게 되었으며, 몸 여기저기서 나를 괴롭히던 각종 질병과 통증이 나도 모르는 사이에 사라졌다.

그렇게 몸의 중심을 찾아가는 과정에서 중심의 원리를 조금씩 이해할 수 있었고, 그에 따라 국가의 중심에 대한 이해도 깊어지게 되었다. 그러자『중심의 비밀』이라는 제목으로 다시 책을 써보겠다는 의욕이 생기게 되었고, 그에 따라 이 책의 골격을 구상하기 시작했다.

그렇게 태백권 수련을 시작하고 1년 정도가 지난 2017년 11월 무렵 갑자기 목소리를 낼 수 없게 되었다. 점심식사와 함께 소주 한 병을 마신 후 심한 스트레스 속에서 법원에 제출할 준비서면을 작성하는데, 갑자기 가슴속에서 뜨거운 기운이 목을 타고 올라오면서 입천장을 뚫고 눈에 이르는 것을 느낄 수 있었다. 실제로 당시 입천장에는 지름이 1센티미터에 이르는 불에 덴 것 같은 자국이 생겼고, 눈은 빠질 듯이 아팠었다. 그런데 그때부터 오른쪽 성대가 마비되어 말을 할 수 없게 되었다.

그 후 약 100일 동안 인근 개인병원들과 대학병원에서 CT와 MRI, 내시경 등으로 성대 주변을 검사하고 진료를 받았지만, 별다른 원인도 없이 성대가 마비되었다는 판정만 받고 일반적인 약만 처방받았을 뿐 특별한 치료를 받지 못했다. 그 기간 중에 한의원에서 침·뜸·공진단·한약 등과 같은 한방치료도 병행했지만 그 역시 효과를 보지 못했고, 개인적으로 홍삼과 차가버섯 등의 약재들로 발효액과 환약을 제조하여 계속적으로 복용했지만 그 또한 소득이 없었다.

그렇게 시간을 보내다가 이비인후과 전문의 강성구 원장님의 치료를 받게 되었다. 강 원장님은 진정한 의사이자 과학자이시다. 강 원장님은 먼저 목 안에서 시료를 채취해 전문기관에 세균검사를 의뢰하여 성대마비의 원인을 찾으려고 노력하는 동시에 스테로이드제를 처방했다. 스테로이드제 주사를 맞자 그 순간부터 상태가 약간 호전되는 듯했지만, 2~3일이 지나자 다시 원상태로 돌아왔다. 일주일 후 세균검사 결과를 받았으나 황색포도상구균 이외의 다른 세균은 검출되지 않았다. 어쨌든 황색포도상구균에 대한 항생제치료를 2주간 받았지만 마비된 성대는 호전될 기미를 보이지 않았다.

강 원장님은 황색포도상구균은 성대마비와는 관련이 없는 것으로 보인다면서 성대마비증상이 처음 시작될 당시의 상황을 물었다. 이에 그 당시의 상황을 설명하면서 뜨거운 기운으로 인해 입천장에 지름이 1센티미터 크기의 불에 덴 자국이 생겼다고 말했다. 그러자 강 원장님은 그것은 헤르페스바이러스에 감염되면 나타나는 증상이라며 헤르페스바이러스는 세균검사 상에서도 나타나지 않는다고 했다. 강 원장님은 입안을 검사한 후, 헤르페스바이러스로 인한 염증이 많다면서 항바이러스제를 처방해 주셨다.

그렇게 항바이러스제를 복용하자 마비된 성대가 약간 회복되는 것을 느낄 수 있었다. 하지만 2주 동안 항바이러스제를 복용해도 더 이상 호전되지 않았고, 입안에 물집이 생기고 잇몸이 붓는 등의 헤르페스바이러스로 인한 증상은 더 심해졌다. 이에 다시 항바이러스제를 처방받으려 하자, 강 원장님은 '이 약은 2주 이상 복용하면 안 되는 약'이라며 더 이상 처방해 주지 않으려 하셨다. 하지만 다른 방법이 없던 터라 항바이러스제를 처방해 달라고 요구했고, 결국 3주째 항바이러스제를 복용했다. 하지만 3주 후에도 입안의 헤르페스바이러스로 인한 증상은 사라지지 않았고, 목소리는 더욱더 약해졌다. 이에 다시 강 원장님께 항바이러스제 처방을 요구하자, 강 원장님은 난색을 표하며 '마지막으로 일주일만 더 항바이러스제를 복용하고, 그 뒤 일주일 동안 복용을 중지한 후 그 다음 주에 보자'라고 약속을 잡은 후 항바이러스제를 처방해 주셨다. 그러나 그렇게 4주에 걸쳐 항바이러스제를 복용했음에도 목소리는 전혀 돌아오지 않았고, 입안에는 물집이 생기고 잇몸이 붓는 등의 헤르페스바이러스로 인한 증상은 더 악화되고 있었다.

그렇게 4주 동안 항바이러스제를 복용한 후, 그 후 일주일 동안 항바이러스제를 복용하지 않았다. 그러자 목소리는 더욱더 약해지고, 입안의 물집과 잇몸이 붓는 증상은 더 심해졌다. 더군다나 2주 동안 일반 항생제를 복용하고, 그 후 4주 동안 항바이러스제를 복용하자 몸은 심각한 부작용에 시달리고 있었다. 항생제와 항바이러스제로 인해 간에 무리가 가면서 부어올라 오른쪽 갈비뼈가 위로 들렸고, 위 또한 부어올라 왼쪽 갈비뼈도 들리게 되었다. 또한 항바이러스제 복용 후 2주가 지나면서부터는 하루에도 몇 번씩 설사를 하면서 몸 안의 진액을 계속해서 배출하여 몸의 기력은 급격히 떨어지고 있었다.

이에 항바이러스제 복용을 중지한 일주일 동안 정말 난감한 상황에 처하게 되었음을 실감할 수 있었다. 명확한 것은 항바이러스제를 계속 복용해도 완치된다는 보장이 없다는 것과 항바이러스제를 계속 복용하면 간과 위에 부담을 줘서 완치되기 이전에 결국 건강을 완전히 잃을 수밖에 없다는 것이었다. 또한 말로 의사표현을 할 수 없는 상태로는 생업인 변호사업무를 더 이상 유지할 수 없다는 것도 알 수 있었다. 그래서 모든 것을 포기하고 혼자 산 속으로 들어가 자연인으로 살아가야 하는지를 깊이 고민하게 되었다.

그렇게 항바이러스제 복용을 중지하고 일주일이 거의 지날 무렵, 평소 알고 지내던 강성철 박사님의 안부전화를 받고 지난 5개월 동안 성대가 마비되어 고생하고 있다고 힘겹게 말하게 되었다. 그러자 강 박사님은 자신이 해결해 주겠다면서 즉시 자신이 개발한 '미네랄톡톡'을 들고 저녁 늦게 달려와 주셨다. 강 박사님은 전자공학박사이자 의학박사로서, 생물학·식품학·한의학·화학 등 과학 전 분야를 꿰뚫고 계신 분이다.

강 박사님은 먼저 AK테스트부터 했다. 필자에게 한쪽 다리를 들고 두 팔을 펼친 자세로 서서 버티게 한 후 강 박사님이 한쪽 팔을 누를 때 필자가 넘어가지 않고 버티는 힘을 체크한 후, 같은 자세에서 미네랄톡톡을 한쪽 손에 들고 같은 방식으로 한쪽 팔을 누를 때 필자가 버티는 힘을 비교하게 했는데, 필자는 적어도 5배 이상 힘이 강해지는 것을 느낄 수 있었다. 다시 강 박사님은 500ml 생수병에 분말 형태의 미네랄톡톡 2~3그램 정도를 넣고 희석하여 필자에게 한 모금을 마시게 한 후 다시 AK테스트를 했는데, 필자는 버티는 힘이 적어도 10배 이상 강해졌다는 것을 느낄 수 있었다.

그 후 필자는 나머지 물을 마시면서 강 박사님과 이야기를 나누었다. 당시 대화는 주로 필자가 질문하고 강 박사님이 대답하는 형식으로 이루어졌는데, 대부분이 미네랄톡톡의 원리에 대한 내용이었다. 강 박사님은 미네랄톡톡에서 발산되는 에너지가 찌그러진 세포를 신속하게 다시 원래의 형태로 만들어주기 때문에 AK테스트에서와 같은 놀라운 결과가 나오게 된다면서 미네랄톡톡을 개발하는 데 14년이 걸렸다고 말씀하셨다.

당시 몸의 중심과 국가의 중심에 대한 이 책의 개략적인 틀이 거의 완성단계에 있었기에 미네랄톡톡이 세포의 중심을 강화하는 물질임을 추측할 수 있었다. 그래서 강 박사님께 지금 중심의 비밀에 대한 책을 쓰고 있는데 미네랄톡톡이 세포의 중심과 관련이 있는 것 같다고 말씀을 드리자, 강 박사님은 놀라워하시면서 자신도 그렇게 생각한다면서 세포에 대해 더 자세한 설명을 해주셨다.

이렇게 이야기를 나누며 약 30~40분 정도 시간이 지나자 그동안 헤르페스바이러스로 인해 입안에 생겼던 물집과 부어올랐던 잇몸이 굳으면서 편안해지는 것을 느낄 수 있었다. 이미 밤늦은 시간이라 집으로 돌아와 생수에 미네랄톡톡을 타서 다시 두세 컵을 들이키고, 잠을 자고 새벽에 깨어 보니 마비되었던 성대가 움직이며 말을 할 수 있게 되었고, 그 후 2~3일이 지나자 성대가 마비된 사실이 있었는지도 모를 정도로 목소리가 정상으로 돌아왔다. 또한 간과 위가 부어오름에 따라 들렸던 갈비뼈도 정상으로 돌아왔고, 계속되던 설사도 멈추었다.

그 후 질병에 시달리거나 몸이 불편한 사람들이 미네랄톡톡을 섭취하면서 질병의 고통에서 벗어나는 수많은 사례들도 확인할 수 있었다. 바이러스나 세균 감염으로 인한 질병들은 물론이고, 고혈압·당뇨·하지정맥류·비염·축농증·비문증·감기·관절염·백태·입냄새·충치·풍치·뇌졸중·뇌수막염·간염·위장병·몸 냄새·통풍 등등 수많은 질병들이 치유되는 것을 직접 경험하거나 옆에서 목격한 것이다.

미네랄톡톡은 순수천연식품에서 추출한 물질로만 만든 것으로 100여 가지 이상의 미네랄과 비타민이 함유된 식품이다. 약도 아니고 건강식품도 아닌 일반식품이다. 그럼에도 이렇게 놀라운 결과를 나타내는 것이다.

이에 그 원리를 추론하면서 자연스럽게 질병의 근원과 미네랄밸런스를 탐구하게 되었고, 그에 따라 세포의 중심도 쓸 수 있었다. 사실 2010년 『B순환』과 2012년 『나는 누구인가』를 쓸 때에도 미네랄밸런스라는 용어를 인터넷에서 발견하고 그 용어를 사용하면서 누가 최초로 미네랄밸런스라는 용어를 창안했는지 궁금해하고 있었다. 왜냐하면 미네랄밸런스라는 용어를 처음으로 사용했다는 것 자체가 미네랄원소들 사이의 조화와 균형의 원리를 깊이 이해하고 있다는 것을 의미하기 때문이다.

그런데 알고 보니 미네랄밸런스라는 용어를 세계 최초로 창안하여 사용한 사람도 강 박사님이었다. 그렇게 강 박사님을 통해 미네랄밸런스를 이해하면서 결국 미네랄톡톡은 미네랄밸런스를 이루고 있는 미네랄원소들의 결정체라는 것을 깨닫게 되었고, 그 작용원리도 추론할 수 있었다.

또한 강 박사님은 자기장톡톡이라는 자기장발생장치를 이미 개발해 놓았는데 이 또한 놀라운 발명품이다. 자기장톡톡으로 몸 안에 자기장이 흐르게 하면, 심기혈정(心氣血精)의 원리에 따라 자기장을 따라 피도 흐르게 된다. 그것은 자기장도 기(氣)의 일종이기 때문이다. 따라서 자기장의 흐름에 따라 모세혈관이 막혀 있는 부분으로도 혈액이 흐르면서 찌그러진 세포들이 되살아나므로 경직된 세포들이 이완되면서 질병이 치유되고, 근육이 생기며, 뼈와 인대와 힘줄이 튼튼해진다. 필자는 자기장톡톡을 사용하여 몸의 모든 부분으로 혈액이 흐르게 함으로써 아주 쉽게 원하는 부분의 뼈를 단단하게 하고 인대와 힘줄을 강화하며 부족한 근육을 보강할 수 있었다.

그 후 미네랄톡톡을 먹고 자기장톡톡을 사용하면서 단전호흡·중심명상·태백권수련을 계속하면서 이 책의 집필 작업을 했다. 수천 년 전부터 전해 내려온 최절정 수련법인 단전호흡·중심명상·태백권수련과 현대과학기술의 결정체인 미네랄톡톡과 자기장톡톡, 그리고 그 두 가지의 정수를 우주의 법칙에 따라 정리하는 이 책의 집필 작업은 서로 상승효과를 일으켰다. 그 결과 몸의 중심과 세포의 중심을 체험하고 중심의 비밀을 이해할 수 있었다. 그리고 그 앎을 통해 나 자신이 한 단계씩 진화하고 있다는 것도 체감할 수 있었다.

이 책을 읽으신 분들은 이론으로 중심의 비밀을 이해할 수 있을 것이다. 그러나 이론은 이론일 뿐 앎이 아니다. 진정한 중심의 비밀을 알려면, 몸의 중심을 체험하고 중심이 몸의 형태와 행동을 통해 드러나야만 한다. 중심의 비밀을 체험으로 아는 것은 쉽지 않다. 하지만 지금은 최첨단 과학시대다. 고대로부터 전해져 내려오는 단전호흡·중심명상·태백권 등을 수련하면서, 현대과학기술의 도움을 받으면 누구라도 어렵지 않게 몸의 중심을 체험할 수 있을 것이다. 이 세상의 모든 분들이 직접 몸으로 중심의 비밀을 체험하고 진화하기를 기대한다.

이제 남은 것은 국가의 중심을 체험하고 진화하는 것이다. 국가의 중심은 우리 모두의 중심의 총합이다. 그러므로 나 홀로 국가의 중심을 체험하고 진화하는 것은 불가능하다. 우리 모두가 하나가 되어 국가의 중심을 체험하고, 그 체험을 통해 더 나은 존재들이, 더 나은 세상에서 살아가는 날이 빠르게 도래하기를 바란다.

마지막으로 감사의 인사를 드린다. 처음 중심의 비밀이라는 제목을 정하고 이 책을 쓰기 시작했을 때, 과연 이 책을 마칠 수 있을까라는 의문도 없지 않았다. 하지만 일단 시작하고 보니 나머지는 저절로 이루어졌다. 인연도 경험도 앎도 마치 하늘이 처음부터 계획했던 것처럼 가장 알맞은 순간에 가장 적당한 시간과 장소에서 기적처럼 나타나곤 했다. 그것은 천지우주가 이 모든 것을 주관하고 있음을 증명한다. 그래서 먼저 하나로 존재하는 천지우주 하나님께 감사드린다. 하나님, 감사합니다.

그리고 오쇼 라즈니쉬에게 감사드린다. 오쇼 라즈니쉬는 시대를 초월한 지혜와 오늘날의 과학문명이 지닌 가능성을 바탕으로 새로운 인류의 탄생을 위해 헌신하신 또 한 분의 붓다이시다. 『중심의 비밀』은 앞서 출판한 『나는 누구인가』의 후속편으로, 『중심의 비밀』과 『나는 누구인가』는 오쇼 라즈니쉬의 정신을 계승하고 있다. 그러므로 오쇼 라즈니쉬에게 감사드린다. 오쇼, 감사합니다.

관웅 스님과 강성철 박사님께 감사드린다. 두 분은 서로 다른 방향에서 중심에 접근하여 그 비밀을 찾아내신 분들이다. 나는 두 분과의 인연이 있었기에 중심의 비밀을 체험으로 이해할 수 있었다. 그러므로 관웅 스님, 강성철 박사님은 이 시대를 함께 살아가는 나의 스승님들이시다. 관웅 스승님, 강성철 스승님, 감사합니다.

그리고 모든 분들에게 감사드린다. 이곳에 일일이 적을 수는 없지만 이 책은 수많은 사람들과의 인연을 통해 쓰여졌다. 함께 수행하면서 가르침을 주신 도반님들, 언제나 옆에서 힘을 보태준 가족들과 동료들이 있었기에 이 책이 나올 수 있었다. 이 모든 분들께 감사드립니다. 감사합니다.

참고 문헌

- 닐 도널드 월시, 조경숙 역, 『신과 나눈 이야기(Conversation with God) 1』, 아름드리미디어, 1997
- 닐 도널드 월시, 조경숙 역, 『신과 나눈 이야기 2』, 아름드리미디어, 1997
- 닐 도널드 월시, 조경숙 역, 『신과 나눈 이야기 3』, 아름드리미디어, 1999
- 오쇼 라즈니쉬, 손민규 역, 『짜라투스트라(Zarathustra The Laughing Prophet)』, 시간과공간사, 2004
- 오쇼 라즈니쉬, 손민규 역, 『반야심경(The Heart Sutra)』, 태일출판사, 2011
- 오쇼 라즈니쉬, 손민규 역, 『금강경(The Diamond Sutra)』, 태일출판사, 2011
- 오쇼 라즈니쉬, 손민규 역, 『십우도(The Search-Talks on the Ten Bulls of Zen)』, 태일출판사, 2011
- 오쇼 라즈니쉬, 손민규·백운 역, 『소중한 비밀: 까비르 강론(The Great Secret)』, 태일출판사, 2012
- 오쇼 라즈니쉬, 손민규 역, 『법구경(The Dhammapada: The Way of the Buddha) 2』, 태일출판사, 2012
- 오쇼 라즈니쉬, 손민규 역, 『오직 안으로 들어가는 길이 있을 뿐: 조주(Joshu: The Lion's Roar)』, 태일출판사, 2012
- 오쇼 라즈니쉬, 손민규 역, 『마음을 버려라: 임제(Rinzai: Master of the Irrational)』, 태일출판사, 2012
- 오쇼 라즈니쉬, 손민규 역, 『선의 최고봉: 백장과 대주(Hyakujo: The Everest of Zen)』, 태일출판사, 2012
- 오쇼 라즈니쉬, 손민규 역, 『텅 빈 가슴을 넘어서: 남전(Nansen: The Point of Departure)』, 태일출판사, 2012

- 오쇼 라즈니쉬, 손민규 역, 『조르바 붓다의 혁명(The Rebel: The Very Salt of The Earth)』, 젠토피아, 2013
- 오쇼 라즈니쉬, 손민규 역, 『사랑이란 무엇인가(Love freedom aloneness)』, 젠토피아, 2013
- 오쇼 라즈니쉬, 류시화 역, 『또 다른 여인이 나를 낳으리라(The Messiah)』, 정신세계사, 2000
- 오쇼 라즈니쉬, 이경옥 역, 『그대 가슴속의 꽃을 피워라(The Tantra Experience)』, 태일출판사, 2012
- 오쇼 라즈니쉬, 이경옥 역, 『법의 연꽃: 이뀨(Take it Easy)』, 태일출판사, 2012
- 오쇼 라즈니쉬, 이연화 역, 『탄트라 비전(The Book of The Secrets)』, 태일출판사, 1993
- 오쇼 라즈니쉬, 김현국 역, 『거위는 밖에 있다(The Goose is Out)』, 황금꽃, 1998
- 오쇼 라즈니쉬, 길연 역, 『신심명(Hsin Hsin Ming – The Book of Nothing)』, 홍법원, 2005
- 심천 박남희, 『심천사혈요법 1,2,3』, 심천출판사, 2005
- 정태혁 번역·해설, 『붓다의 호흡과 명상』, 정신세계사, 2013
- 콜럼 코츠, 유상구 역, 『살아있는 에너지』, 도서출판 양문, 1998
- 오광길, 『물리학의 혁명』, 씨와알, 2008
- 에모토 마사루, 양억관 역, 『물은 답을 알고 있다』, 나무심는사람, 2002
- 이시카와 다쿠지, 이영미 역, 『기적의 사과』, 김영사, 2009
- 김해룡, 『인생을 지배하는 길』, 한국교문사, 1992
- 김인자, 『참』, 도서출판 다생소활, 2008
- 강대봉, 『氣』, 도서출판 언립, 1989
- 김세연, 「새로 발견된 의학의 이론과 실습」, 2005
- 최인호, 『B순환』, 천지인, 2010
- 최인호, 『나는 누구인가』 지식공감, 2016